「寄り添い型研究」による地域価値の向上

井尻昭夫
大﨑紘一
三好　宏
［編著］

大学教育出版

は じ め に

　この度、岡山商科大学は、文部科学省「私立大学研究ブランディング事業」に採択され、「『寄り添い型研究』による地域価値の向上」のテーマの下で、3年間におよぶ学部横断的な学際的な研究を進めてきました。

　本書は、岡山を中心とした地場の抱える問題を各専門分野から取上げ、調査研究に取組んだ成果を刊行するものであり、地域振興の発刊書の3冊目にあたります。

　今日の社会は、これまでに見られなかったような速いスピードで成熟化し、多種多様な様相を呈してきています。それだけに社会の移り変わりに十分に対応していくことは難しい状況に置かれていると言えましょう。

　こうした現状の中で、本学は微力ではありますが地域社会の活性化のために社会に飛び出し調査研究を進めています。今回の学際的な研究は、個々人の研究領域を広げるとともに、個々人の研究の連携を可能とするもので、新たな大学の使命としても意義深いものがあります。

　今回の調査研究はすべての問題を取上げたものではなく、今回の研究を踏まえて今後も継続的に本学スタッフの英知を結集して地域の活性化に取組んでいきたいと考えています。

　最後になりましたが、研究の場の核となる東西南北に位置する岡山県下の8市町村の関係者の皆さまをはじめ、本調査研究にご支援いただいた多くの方々に厚くお礼を申し上げますとともに、今後もどうかご支援いただきたくお願い申し上げます。また、本書発刊にあたりリーダーの大﨑紘一先生をはじめ多くの研究者の皆さまに厚く感謝申し上げます。

　2021 年 1 月吉日

　　　　　　　　　　　　　　　　　　　　学長　　井尻　　昭夫

「寄り添い型研究」による地域価値の向上

目　次

「寄り添い型研究」による地域価値の向上

第 1 章

平成29年度　文部科学省　私立大学研究ブランディング事業「『寄り添い型研究』による地域価値の向上」2017〜2019年度の3年間の研究経緯について

1. はじめに

　2015（平成27）年創立50周年を迎えた本学は、教育、研究、地域貢献、グローバル化の4つの活動を推進し、社会科学系総合大学として人材育成を行っている。本学は「理論」と「実学」を融合した教育と地域貢献を組み合わせた「フィールドワーク」を推進し、特色ある学生教育を行っている。しかし、研究は、個々の教員の自主性に任されており、大学として研究のブランド化をする取組みは行っていなかった。2007年に産学官連携センターが設置され、産業界との共同研究、市町村との包括協定の締結を始めた。その後締結した市町村数が多くなり、課題解決のために学生の参加依頼や、課題研究のための教員の参加依頼が多くなり、2017年度には8市町村と協定を締結でき、教育研究のフィールドワークのプラットホームの構築が可能になった。

　2016年度より文部科学省は、大学としての研究のブランド化を推進する公募事業を開始した。そこで、本学も2016年度から準備を始め、2017年度に市町村プラットホームで教育研究を行っている教員の研究テーマを中心に「『寄り添い型研究』による地域価値の向上」の申請を行い、採択された。その際、大学としてのブランドイメージをステークホルダーに認識していただくことも目的に加えた。

　3 年間の研究成果は、各教員の研究分野での発表、二松學舍大学との共同出版事業を推進していたので、2017 年度 5 件の研究内容を含めて「フードビジネス」（ナカニシヤ出版）、（CiNii 213 図書館収蔵　2021.03.05）、2019 年度 8 件の研究内容を含めて「大学と地域」（ナカニシヤ出版）（CiNii 112 図書館収蔵　2021.03.05）を出版することができた。

　なお、3 年間の締め括りとして、シンポジウムの開催を予定していたが、新型コロナウイルス感染症で開催ができなくなった。

　そこで、本研究に参加した 16 研究チームの研究成果をまとめて、本書を出版することにした。

　以下に、3 年間の研究経緯について、申請書の内容を基にまとめている。研究グループの研究内容については、それぞれの章をご覧いただきたい。

2. 申 請 内 容

1)　事業名　　　『寄り添い型研究』による地域価値の向上
2)　参画組織　　岡山商科大学　経営学部、経済学部、法学部
3)　研究期間　　2017（平成 29）〜 2019（令和元年）
4)　申請タイプ　A：地域の経済・社会、雇用、文化の発展や特定分野の発展・深化に寄与する研究

3. 事業の概要（図 1-1）

1)　本研究の目的は、本学の社会科学の英知を結集し、「地域価値向上」に取組む研究とし、ブランドイメージとして「地域と呼吸する大学」を浸透させ、確立することである。そして、「地域と呼吸する大学」のステークホルダーに対する認知度を 70% 以上とするという目標も設定し、『寄り添い型』、すなわち地域の方々と同じ目線で考えるという取組み姿勢で、地域の方々、本学教職員が協働して教育研究を実施することで申請をした。
2)　学生、保護者、企業人、地域の方々の認知度向上のために、研究活動へ

の学生、教職員の積極的な参加や、研究成果の公表と活用に取組んでいく。

3)　対象地域は、「包括連携協定」を締結している「岡山県内8市町村等」新庄村、笠岡市、瀬戸内市、岡山市、備前市、津山市、真庭市、和気町である。

4)　各研究テーマは、主として対象地域の自治体、観光協会等のご支援をいただき、現場での学生、教員によるヒアリング、調査、実作業を行わせていただいており、ご協力に感謝申し上げる。

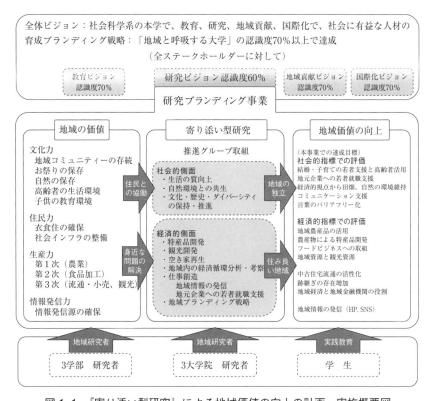

図 1-1　『寄り添い型研究』による地域価値の向上の計画、実施概要図

4. 事業実施体制（図1-2）

1) 学長をトップにした「将来構想検討委員会」で「将来ビジョン」「ブランド戦略」「研究ブランディング事業」を統括する。

　「研究ブランディング事業」を推進し、3年間で成果を確実にするために、副学長、商学科長を中心とし、3研究科長、3学部長、教学部長で構成する「研究統括グループ」を設置している。

2) 「研究推進グループ」は、申請時は「社会的側面」から研究を推進する3分野3研究テーマと、「経済的側面」から研究を推進する6分野11研究テーマの担当教員で構成している。（表1-1）これらの研究テーマの内、社会的側面研究では2研究テーマ、経済的側面研究では6研究テーマが、本学で2016年から実施している「岡山商科大学研究ブランディング事業」ですでに県内市町村で学生の参加を得て研究を推進しているので、本事業ではこれらの研究をさらに3年間推進する。また、経済的研究側面の「特産品開発」の4研究テーマは、二松學舍大学と「フードビジネス」に関する共同研究を実施しており、「寄り添い型研究」の中核をなしている。

3) 全学的な支援体制として3学部、3研究科の教員による「研究支援グループ」、学生の研究への参画のための学生支援体制（ボランティア部、1年生から4年生でのゼミ）を構築している。

4) 「寄り添い型研究」の実施場所は、主として岡山県内の市町村であり、研究グループの地域での活動のコーディネート、アンケート、調査分析を行う。

5) 事業の外部評価は、全体計画、成果については「教育研究協議会」で実施する。本会は、市町村長2名、企業経営者1名、（一社）岡山経済同友会教育社会貢献委員会委員長で構成している。また研究の実施、事前打合せ、意見の聴取は、包括連携協定を締結している8市町村の委員で構成する「RB実施委員会」で、実施、進捗状況について評価を受ける。

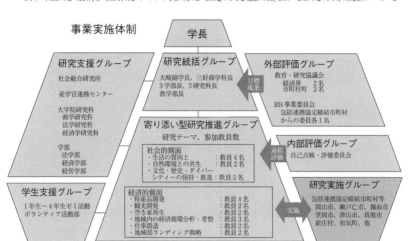

図 1-2　『寄り添い型研究』による地域価値の向上の事業実施体制

5. 実 施 報 告

（1） 2017（平成 29）年度活動状況

　2017 年度 11 月 7 日に採択の通知を受けてからの本事業の経過をまとめている。本事業では、申請当初 26 名の教員の参加による全学的な研究プロジェクトであり、県内 8 市町村を中心にして研究を実施する計画になっているので、2017 年度は、学内での研究計画と実施体制について、学内委員会の開催、すでに成果の出ている研究テーマについては、成果発表について、以下の活動を行った。

1） 2017 年度学内委員会

① 研究統括グループ会議　2017 年 11 月 8 日

② 第 1 回研究推進グループ会議　2017 年 11 月 8 日

③ 第 2 回研究推進グループ会議　2017 年 11 月 22 日

④ 第 3 回研究推進グループ会議　2018 年 3 月 15 日

表1-1　2017年度研究グループ、研究テーマ、対象地域等の一覧

社会的側面の研究テーマ	研究者	対象地域
生活の質の向上		
結婚・子育てに向けた若者支援と高齢者の活用	國光講師、三谷教授、田中（勝）教授、佐々木講師	津山市、瀬戸内市
自然環境との共生		
農業振興と自然環境との共生に関する経済分析	加藤（真）准教授、田中（勝）教授	津山市
文化、歴史、ダイバーシティの保持・推進		
岡山市におけるコミュニケーション支援及び言葉のバリアフリー化	宮教授、全准教授、黎准教授、松浦准教授、徐講師	岡山市
経済的側面の研究テーマ	研究者	対象地域
特産品開発		
備前醤油の歴史・現状・展望	天野教授	岡山市、倉敷市、備前市
地域農産品を活用した加工食品の商品開発	岸田教授	瀬戸内市
岡山県におけるフードビジネスと地域活性化	渡邉准教授	総社市
蒜山地域における農作物を活用した特産品開発	大石講師	真庭市蒜山地区
観光開発		
湯原温泉における新たな地域資源を生かした観光振興	大石講師	真庭市湯原温泉
笠岡市真鍋島の観光振興	三好教授	笠岡市真鍋島
空き家再生		
中古住宅流通の活性化、地域資産の有効活用	海宝准教授、高林教授	備前市、津山市
仕事創造		
地域の情報発信：スタンプラリーゲーム支援機能と地域のPR機能を有し、スマートデバイス上で動作するアプリ開発	箕輪准教授	真庭郡新庄村
地元企業への若者の就職支援	大東教授	岡山市
地域内の経済循環の分析・考察		
地域経済における金融の役割：金融パフォーマンス、クラウドファンディング	鳴滝教授、井尻准教授、山根准教授	岡山市、瀬戸内市
地域ブランド戦略		
観光客、移住者の増加に向けた地域ブランド戦略—	三好教授、横澤准教授	和気郡和気町

2）　評議会

2017年度　文部科学省研究ブランディング事業の採択と実施　2017年11月8日

3）　全学教職員会議

2017年度　文部科学省研究ブランディング事業について報告　2017年12月13日

4）　外部評価委員会

①　第1回教育研究協議会

　2017年度　文部科学省研究ブランディング事業についての経過報告　2018年4月27日

5）　研究成果・発表

①　シンポジウム「流通とコミュニケーションからみるフードビジネス」

　岡山商科大学・二松學舍大学フードビジネス研究会主催

　2018年3月24日　二松學舍大学九段キャンパス4号館4031室

　箕輪弘嗣准教授、渡邉憲二准教授　発表

②　著書出版

　井尻昭夫・江藤茂博・大﨑紘一・松本健太郎編『フードビジネスと地域：食をめぐる文化・地域・情報・流通』ナカニシヤ出版、2018年3月31日

　5名の著者と分担は、以下のようである。

　・岸田芳朗教授、第Ⅰ部第4章

　・天野雅敏教授、第Ⅰ部第5章

　・大石貴之講師、第Ⅰ部第7章

　・箕輪弘嗣准教授、大﨑紘一教授、第Ⅱ部第15章

　・渡邉憲二准教授、第Ⅱ部第16章

　＊木村史明付属高等学校教諭、井尻昭夫学長、第Ⅰ部第6章

6）　広報

①　パンフレットの作成　2017年11月30日

②　記事掲載

　・山陽新聞　2017年12月16日（土）　記事掲載

　　・岡山商科大学　学報　11号　2018年3月　記事掲載

　　・商大レビュー　Vol.27　2018年5月　記事掲載

　③　パンフレット配布

　　・岡山県産学官連携推進会議　真庭市産学官連携交流会　2018年2月9日

　　・夕学講座　2017年12月以降　講座開催日

　　・2018年度入学式　2018年4月3日

（2）2018（平成30）年度活動状況

　2年目を迎えた事業について、2回の研究推進グループ会議を開催し、16研究テーマのすべてについて、現地ヒアリング、調査、アンケート調査等具体的な活動の確認と進捗状況の報告を受けた。

　2018年4月から、本学に赴任した松井温文教授が「芳賀地区の農家との共同生産と販売─清水白桃と野菜を対象に」、また西敏明教授が「地域経済におけるものづくりの基盤となる組織能力を構成する小集団改善活動の有効性」で研究に参加、2019年3月31日で本学を退職される岸田芳郎教授は、研究組織から外れることになった。また、伊藤治彦教授、倉持弘講師が「食と法─行政法と民法からのアプローチ」で研究を進めることになったので、社会的側面の4研究テーマ、経済的側面の12研究テーマ、合計16研究テーマとなった。（表1-2）

　1）2018年度　学内委員会

　①　研究統括グループ会議　　　　2018年5月8日

　②　第1回研究推進グループ会議　2018年5月9日

　③　第2回研究推進グループ会議　2018年10月31日

　2）研究成果・発表

　①　2018年度　シンポジウム開催

　　「『寄り添い型研究』による地域価値向上」

　　2018年6月7日（木）　13：00～17：00

　　　特別講演　　（株）リレイション　代表取締役　祁答院　弘智　氏

　　　研究総括　　経営学部商学科　教授　三好　宏

表1-2　2018、2019年度研究グループ、研究テーマ、対象地域等の一覧

社会的側面の研究テーマ	研究者	対象地域
生活の質の向上		
生活の質の向上 ― 結婚・子育てに向けた若者支援と高齢者の活用	國光講師、三谷教授、田中（勝）教授、佐々木講師	津山市、瀬戸内市
食と法 ― 行政法と民法からのアプローチ	伊藤教授、倉持講師	岡山市
自然環境との共生		
農業振興と自然環境との共生に関する経済分析	加藤（真）准教授、田中（勝）教授、佐々木講師	津山市
文化、歴史、ダイバーシティの保持・推進		
岡山市におけるコミュニケーション支援及び言葉のバリアフリー化	全准教授、黎准教授、松浦准教授、徐講師、湯助教	岡山市
経済的側面の研究テーマ	研究者	対象地域
特産品開発		
備前醬油の歴史・現状・展望	天野教授	岡山市、倉敷市、備前市
岡山県におけるフードビジネスと地域活性化に関する研究	渡邉准教授	総社市
蒜山地域における農作物を活用した特産品開発	大石准教授、西（春）助教	真庭市蒜山地区
芳賀地区の農家との共同生産と販売 ― 清水白桃と野菜を対象に	松井教授	岡山市
観光開発		
湯原温泉における新たな地域資源を生かした観光振興	大石准教授	真庭市湯原地区
笠岡市真鍋島の観光振興	三好教授	笠岡市真鍋島
空き家再生		
空き家再生（中古住宅流通の活性化、地域資産の有効活用）	海宝准教授、高林教授、田中（潔）教授	瀬戸内市、備前市、津山市
仕事創造		
地域活性化戦略につなげるIOTプラットフォーム開発	箕輪准教授、大﨑副学長、中村裕課長補佐	真庭郡新庄村
地元企業への若者の就職支援	大東教授	岡山市
地域内の経済循環の分析・考察		
地域経済におけるものづくりの基盤となる組織能力を構成する小集団改善活動の有効性	西（敏）教授	倉敷市
地域経済における金融の役割	鳴滝教授、田中（勝）教授、蒲教授、松井教授、井尻准教授、佐々木講師、渡辺助教	岡山市、瀬戸内市
地域ブランド戦略		
観光客、移住者の増加に向けた地域ブランド戦略	三好教授、横澤准教授	和気郡和気町

　　　研究発表 1　経営学部商学科　　准教授 松浦芙佐子、准教授 黎曉妮、
　　　　　　　　　　　　　　　　　准教授 全円子、講師 徐沆延
　　　研究発表 2　経営学部商学科　　教授　　天野雅敏
　　　研究発表 3　経営学部商学科　　准教授　海宝賢一郎、教授　高林宏一
②　「『寄り添い型研究』による地域価値の向上」進捗報告会
　　　2019 年 3 月 14 日（木）13：00 ～ 16：30
　　　出席者（外部）教育研究協議会委員、RB 事業委員会委員、市町村関係者
　　　　　　　（内部）RB 研究統括グループ構成員、RB 研究推進グループ研
　　　　　　　　　　究者、教職員、学生
　　　研究報告　16 研究グループ
3）　広報
①　パンフレットの更新　2018 年 7 月 19 日
②　記事掲載
　・山陽新聞　　　　2018 年 5 月 19 日（土）　記事掲載
　・山陽新聞　　　　2018 年 6 月 2 日（土）　記事掲載
　・山陽新聞　　　　2018 年 12 月 15 日（土）　記事掲載
　・教育学術新聞　2018 年 4 月 18 日（水）　記事掲載
　・岡山商科大学学報　112 号　2018 年 9 月　記事掲載
　・岡山商科大学学報　113 号　2019 年 3 月　記事掲載
③　パンフレット配布
　・商業教育に関する意見交換会　2018 年 10 月 16 日
　・岡山県産学官連携推進会議　和気町産学官連携交流会　2018 年 11 月 20
　　日
　・OTEX おかやまテクノロジー展　2019 年 1 月 24 日・25 日
　・夕学講座　2018 年度　前期　講座開催日

（3）2019（令和元）年度活動状況
　2017 年度採択されたブランディング事業は、3 年目を迎え、2018 年度に追
加した 2 研究テーマ、2018 年度で退職され終了した 1 研究テーマで、2019 年

度は16研究テーマが主として包括協定を定結している市町村で調査を実施し、2020年3月に向けて3年間の研究成果をまとめている段階になった。

　岡山商科大学の研究のブランド化は、地域との『寄り添い型』による地域価値の向上であり、多くの研究テーマは、地域における課題解決型の課題を、地域の方々と本学の教職員、学生が協働して取組み、解決する方式である。2017年度から開始した研究のうち、地域産食品に関する商品開発、販売状況に関する5研究テーマは、実施の初期において成果をまとめられたことから、二松學舍大学との共同研究成果の出版事業として、ナカニシヤ出版から「フードビジネス」を2018年3月に出版することができた。

　さらに2019年度は、各研究グループは積極的に研究を進めており、本研究で進める『寄り添い型』としての地域との取組み、また学生が地域で教育研究をする「フィールドスタディ」の取組みは、今後の本学が地域と協働していく方向を示すものである。また、二松學舍大学では、首都に位置しながら柏市、鎌倉市、倉敷市において地域連携活動を推進していることから、2019年度も研究成果をまとめて出版するという合意がなされた。そこで、本学のブランディング事業の成果の内から地域の課題に取組んでいる以下の8研究テーマを選出し、「地域と大学 ― 持続可能な暮らしに向けた大学の新たな姿 ―」を2020年3月に出版予定で作業を進めた。

　3年間の研究成果について取りまとめを行っており、『寄り添い型』の研究スタイルで地域の課題に取組むことは、本学の研究教育スタイルとしてブランド化できる状況になっており、自己評価だけでなくステークホルダーの方々の認識度を高め、着実に発展させている。

　1）　学内委員会
　①　2019年度　第1回「研究推進グループ会議」の開催
　　　2019年7月17日（火）　16：30〜17：30　大会議室
　②　2019年度　第2回「研究推進グループ会議」の開催
　　　2019年12月11日（水）　16：00〜17：30　大会議室

２）外部評価委員会

① 第1回教育研究協議会

研究ブランディング事業の進捗状況と委員のご意見（紙面回答）

2020 年 3 月 11 日から訪問審議

３）広報パンフレットの配布

① 商業教育に関する意見交換会

2019 年 10 月 15 日

② OTEX　岡山テクノロジー展

2020 年 1 月 23、24 日

③ 岡山県産学官連携推進会議　玉野市産学官連携

2020 年 1 月 30 日

４）書籍出版

井尻昭夫・江藤茂博・大﨑紘一・三好宏、松本健太郎編

『大学と地域 ― 持続可能な暮らしに向けた大学の新たな姿 ―』ナカニシ
ヤ出版、2020 年 3 月 31 日

執筆者及び担当の章は以下の様である。

① 大﨑紘一教授、三好宏教授、第Ⅰ部第 1 章

② 三好宏教授、第Ⅰ部第 2 章

③ 国光類准教授、佐々木昭洋講師、田中勝次教授、三谷直紀教授、
第Ⅰ部第 3 章

④ 松浦芙佐子教授、黎暁妮准教授、徐沇廷講師、全円子准教授、温文助教、
第Ⅰ部第 4 章

⑤ 横澤幸宏准教授、第Ⅱ部第 5 章

⑥ 海宝賢一郎准教授、髙林宏一教授、田中潔教授、第Ⅱ部第 6 章

⑦ 西敏明教授、第Ⅱ部第 7 章

⑧ 加藤真也准教授、田中勝次教授、第Ⅱ部第 8 章

6. 本学のブランドイメージの傾向

　本研究ブランディング事業では、地域価値向上のための『寄り添い型研究』を確立することであり、本学の研究活動の認識度は、研究開始時の2017年度ではすべてのステークホルダーに対して最も低いので、研究活動の認識度の向上が喫緊の課題であり、研究活動の認識度の向上により、全活動がステークホルダーに認識され、ブランドイメージ「地域と呼吸する大学」を確立できるように、研究成果を出すと共に認識度向上も含めて事業を遂行した。

（1）　事業申請時（2017年5月）における本学の認識度について

　本事業申請時において、本学のステークホルダーからの認識度を明確にし、今後3年間で向上させる目標値を設定する必要がある。そこで、本学の教育、研究、地域貢献、グローバル化の活動に対応して「情報発信」4項目、「学習環境」5項目、「教育活動」10項目、「研究活動」6項目、「地域・国際活動」3項目の5指標28項目でブランドイメージアンケートを2017年5月に実施した。ステークホルダーは、本学の入学を希望する高校生（243名）、高等学校教員（46名）、学生の就職のための企業就職担当者（170名／442社）、地域貢献活動としての地方自治体関係者（15名）、一般社会人（19名）、本学学生（496〜500名）であり、アンケート調査の回収数は993名であった。

　分析の結果、「学習環境」6項目については、全ステークホルダーにおいて、5指標の中で認識度が高いこと、「研究活動」については、特に市町村職員、高等学校教員での認識度は、16〜17%であり最も低いことが示された（表1-3、1-4、図1-3）。

　ステークホルダーごとに見ると、企業就職担当者は、「学習環境」6項目の認識度は61.5%と最も高くなっている。「教育活動」52.8%、「地域・国際活動」47.1%、「情報発信」41.1%、「研究活動」26.8%であり、学生を就職させるためには、「地域・国際活動」「情報発信活動」の広報をする必要がある。

　地域連携先である自治体関係者の認識度については、「学習環境」49.3%、「地

表1-3　ステークホルダー別　活動別認識度

有効回答数	ステークホルダー	情報発信	学習環境	教育活動	研究活動	地域・国際
170	企業就職担当者	41.14%	61.53%	52.83%	26.80%	47.10%
19	一般社会人	31.94%	48.25%	40.82%	20.37%	48.15%
15	市町村関係者	35.00%	49.33%	40.00%	16.67%	46.67%
46	高等学校教員	39.43%	59.00%	47.38%	17.04%	36.96%
241～243	高校生	34.70%	38.47%	36.51%	29.52%	26.51%
487～496	本学学生	51.59%	52.20%	53.74%	37.11%	41.61%
	設問数	4	5	10	6	3

表1-4　ステークホルダー別　活動別無関心度

有効回答数	ステークホルダー	情報発信	学習環境	教育活動	研究活動	地域・国際
170	企業就職担当者	44.08%	34.17%	41.15%	67.10%	49.67%
19	一般社会人	45.83%	41.81%	55.32%	62.04%	46.30%
15	市町村関係者	48.33%	42.67%	53.33%	76.67%	46.67%
46	高等学校教員	32.54%	32.30%	42.75%	61.85%	52.17%
241～243	高校生	45.76%	46.04%	49.94%	55.79%	57.28%
487～496	本学学生	33.96%	34.36%	35.62%	53.83%	51.13%
	設問数	4	5	10	6	3

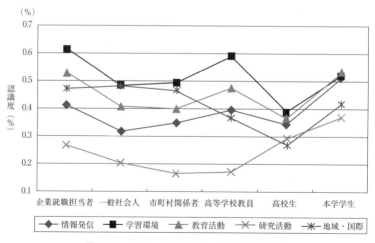

図1-3　ステークホルダー別 活動認識度

域・国際活動」46.7％と50％以下であり、「地域・国際活動」でも50％に達していない。

　以上のように、ステークホルダーに調査を行った結果、学内外にむけて、教育、研究、地域貢献、グローバル化の活動内容の広報活動の発信、および特に教育、研究活動の質の向上を図る必要があることから、本事業の採択により向上に努力した。

（2）　事業終了後（2020（令和2）年5月）における本学の認識度について

　3年間の研究の成果として、研究業績とともに、ステークホルダーへの本学の認識度の向上に対する効果も目標値認識度70％を設定したので、2017年度と同じアンケート内容で実施することにした。2020年3月以降新コロナウイルス感染症の拡大により、多くの活動が制限され、3年間の成果発表もできていない状況下であるが、認識度が低かった県内市町村、企業について8市町村、企業177社にアンケートを実施した。その結果について、2017年度との比較で説明をする（表1-5、1-6）。

表1-5　ステークホルダー別　2017年度、2020年度の活動別認識度の変化

有効回答数	ステークホルダー	情報発信	学習環境	教育活動	研究活動	地域・国際
170	2017 企業	41.14%	61.53%	52.83%	26.80%	47.10%
65	2020 企業	53.85%	73.23%	61.69%	35.90%	51.28%
15	2017 市町村	35.00%	49.33%	40.00%	16.67%	46.67%
5	2020 市町村	80.00%	68.00%	86.00%	50.00%	73.33%
	設問数	4	5	10	6	3

表1-6　ステークホルダー別　2017年度、2020年度の活動別無関心度の変化

有効回答数	ステークホルダー	情報発信	学習環境	教育活動	研究活動	地域・国際
170	2017 企業	44.08%	34.17%	41.15%	67.10%	49.67%
65	2020 企業	35.38%	23.69%	34.31%	58.46%	45.13%
15	2017 市町村	48.33%	42.67%	53.33%	76.67%	46.67%
5	2020 市町村	20.00%	32.00%	14.00%	50.00%	26.67%
	設問数	4	5	10	6	3

　図1-4に示すように、2017年度と2020年度の認識度は、5指標とも向上していることが示された。特に研究活動については、2017年度は市町村16.67%、企業26.80%で最も低く、2020年度50.0%、35.9%と特に市町村の職員の認識度が向上したことは、本事業の研究において、対象地域を指定して実施したために、認識度50%になったものと考えられる。また、企業においても30%台になったことから、今後とも、大学としてのブランドとなるテーマで目標値70%を目指して研究活動を推進する必要のあることが示された（図1-4）。

　その他の指標については、企業では、学習環境73.23%と最も高くなり、目標値を達成した。教育活動61.69%、情報発信53.85%、地域・国際51.28%で50%は越えているが、今後の取組みが必要である。市町村については、教育活動86.0%、情報発信80.0%、地域・国際73.3%、学習環境68.0%と、学習環境以外は目標値の70%を越えている。この要因として、本研究で課題に取組み本学の認識が高くなった市町村が回答されたのではないかと考えられる。また回答数が少ないことによるとも考えられる。しかし、目標認識度70%には達していないが、3年間で認識度を向上させることができたのは、やはり本学が全体として地域の課題を解決するために研究ブランディン事業に取組んだ成果

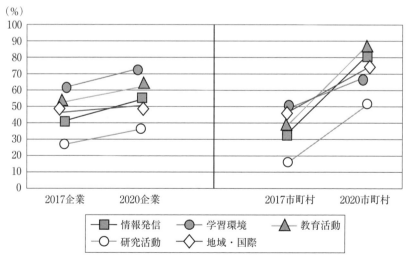

図1-4　2017年度と2020年度の市町村、企業における認識度の変化

と考えており、今後も、地域の課題を解決する研究を推進するために学内外の研究費を獲得し、この流れを継続し発展をさせる。

（3）寄り添い形研究』の視点による「地域価値の向上」に関する成果について

　本研究ブランディング事業の目的は、地域との共同研究と同時に、地域住民や組織が取組む魅力ある地域づくりに寄り添う形でその活動を側面支援、すなわち協働することに主眼を置いていた（三好宏、本書　第2章）。主体はあくまでも地域であり、本学が主導的に「地域価値を向上」をさせるというものではない。大学が介在することで地域の方々の活動に活力を提供したり、継続性を高めたりする効果を狙った、いわば地域における「触媒作用」を目指すものであった。

　その意味で、地域の価値を大いに高めたというような目に見える成果は出せてはいないが、学生、教職員が『寄り添い型研究』の視点で3年間地域の課題に取組むことにより各地域の「地域価値の向上」について緒につけることができたと思われる。この視点から地域の地域価値の向上を見える化できるように今後も継続して取組んでいく。

　瀬戸内市においては、取組状況、成果を市のホームページに公開し、研究終了後も引き続き研究を継続されている。真庭市北房地区ではまちづくり会社が新たに開業したゲストハウスの運営を学生がサポートしたり、各種プロジェクトの協働につながったりしている。そのための本学の組織としては、商学科マーケティング、観光コースの教員を核とし、他学科及び産学官連携センターで協力した体制をさらに強化確立していく方向で進んでいる。

（4）学生の研究活動への参画と教育面での成果について

　本研究のプラットフォームである8市町村での活動状況からみると、現地での打ち合わせ会52回、現地調査300回、報告会（その他を含む）19回に、教員は延べ420人、学生は延べ278人参加して地域の方々と協働して作業を行ったり、調査、データ収集を行った。また学生延べ25人は、調査後のデータ整理、分析に協力した。

地域ブランド戦略分野においては、学生5名が、アンケート調査データや独自のヒアリング調査によって、実証的な卒業論文を作成することにつながっている。さらにこの研究に参加した学生が、岡山県真庭市、高知県吾川郡いの町の「地域おこし協力隊」に採用され、地域での活動に現在取組んでいる。

7. 業 績 一 覧

本研究での業績の詳細について以下にまとめている。

（1） 著　書

1) 井尻昭夫・江藤茂博・大﨑紘一・松本健太郎編『フードビジネスと地域　食をめぐる文化・地域・情報・流通』2018年、ナカニシヤ出版、（分担執筆者は以下の通り）

① 天野雅敏「薄（淡）口醬油産地の形成と発展：龍野を中心にして」59-69.

② 大石貴之「B級グルメにみる食と観光の地域性」83-94.

③ 岸田芳朗「フードビジネスとしての学校給食：岡山県瀬戸内市に於ける学校給食への地場産食材導入を事例として」47-58.

④ 箕輪弘嗣、大崎紘一「地域フードのPR、販促のための情報収集プラットフォームの開発：岡山県新庄村の「ひめのもち」を事例として」199-210.

⑤ 渡邉憲二「地域特性におけるフードビジネスと地域振興：岡山県総社市のパンを事例に」211-222.

2) 井尻昭夫・江藤茂博・大﨑紘一・三好宏・松本健太郎編『大学と地域　持続可能な暮らしに向けた大学の新たな姿』2020、ナカニシヤ出版、（分担執筆者は以下の通り）

① 大﨑紘一、三好宏「大学での地域実践型活動への取組み」3-13.

② 三好宏「まちづくりに向けた二つのKPI：キー・パフォーマンス・インディケーターからキー・プロセス・インディケーターへ」15-27.

③ 國光類、佐々木昭洋、田中勝次、三谷直紀「高齢期の就業と社会貢

献活動：瀬戸内市アンケート調査「高齢期の暮らしと仕事に関する調査」の分析」29-40.

④　松浦芙佐子、黎暁妮、徐沈廷、全円子、湯文「観光サインの多言語化における言語間影響：語の形態と表記について」41-52.

⑤　横澤幸宏「地域ブランド戦略に関する理論的検討」55-66.

⑥　海宝賢一郎、髙林宏一、田中潔「地方における中古住宅流通活性化の可能性：岡山県の空き家等の利活用に向けた取り組みを中心に」67-77.

⑦　西敏明「地域内の経済環境の分析・考察：地域経済におけるものづくり基盤となる組織能力を構成する小集団活動の有効性」79-87.

⑧　加藤真也、田中勝次「岡山県津山市における農業・林業振興政策に関する産業連関分析」89-100.

（2）　掲載論文

1)　松浦芙佐子（2018）「犬島における言語景観」『岡山商大論叢』54 (1)、79-102.

2)　渡邉憲二（2018）「岡山県における地域資源の利活用と地域振興 ─ 道の駅笠岡ベイファームを事例として ─」『岡山商大論叢』54 (1)、103-115.

3)　渡邉憲二（2018）「岡山県における道の駅の利用状況に関する一考察 ─ 道の駅笠岡ベイファームを事例に ─」『岡山商大論叢』54 (2)、95-107.

4)　大石貴之（2019）「岡山県の中山間地域における農業の存続可能性 ─ 真庭市川上地区における農産物直売所を事例として ─」『地学雑誌』、323-335.

5)　國光類・佐々木昭洋・田中勝次・三谷直紀（2019）「地域の高齢者就業 ─ 瀬戸内市『高齢期のくらしと仕事に関する調査』から ─」『岡山商大論叢』55 (2)、25-44.

6)　徐沈廷（2019）「한국 음식 메뉴의 일본어 오용 표기 분석（An Error Analysis of Japanese Food Menus in Korea)」『文化産業研究』19 (3)、19-25.

7)　渡邉憲二（2019）「笠岡ベイファームの社会的価値に関する実証的研究」

『岡山商大論叢』54（3）、87-99.

8)　渡邉憲二（2019）「岡山県における鳥獣被害の現状と課題」『岡山商大論叢』55（2）、133-149.

9)　全円子、徐沇廷（2020）「牛窓における『韓ことば』── 朝鮮通信使をどのように伝えるか──」『岡山商大論叢』55（3）、79-98.

10)　松浦芙佐子（2020）「観光サインにおける日本語と英語の言語観影響── 統語構造の分析──」『岡山商大論叢』55（3）、99-118.

11)　渡邉憲二（2020）「岡山県におけるジビエ利活用に関する一考察」『岡山商大論叢』55（3）、119-134.

12)　徐沇廷（2020）「일본 관광사인의 한국어 오용 분석（日本の観光サインにおける韓国語の誤用分析）」『文化産業研究』20（2）、11-25.

（3）　学会発表

1)　徐沇廷「안내사인의 다언어 표기에 대한 연구 – 오카야마시 관광지를 중심으로（案内サインの多言語表記における研究── 岡山市の観光地を中心に）」韓国文化産業学会 2017 年度冬季学術発表大会、2017 年 12 月 15 日、COEX 会場、163-170.

2)　渡邉憲二、「地域特性を活用したフードビジネスと地域振興── 岡山県総社市のパンを事例として──」岡山商科大学・二松學舍大学フードビジネス研究会主催、シンポジウム「流通とコミュニケーションからみるフードビジネス」2018 年 3 月 24 日、二松學舍大学

3)　箕輪弘嗣、大崎紘一「地域資源活用のための情報収集プラットフォーム構築を目指したスタンプラリーアプリの開発」岡山商科大学・二松學舍大学フードビジネス研究会 主催シンポジウム「流通とコミュニケーションからみるフードビジネス」2018 年 3 月 24 日、二松學舍大学

4)　Hirotsugu Minowa, Ryo Samemoto,「Stamp Rally Application Development for Building an Information Collecting Platform to Promote the Use of Local Resources」, Proc. of 6th International Conference on Smart Computing and Artificial Intelligence（SCAI

2018), 2018. (Term: 2018.7.8-13, Presentation at 7/8 (Not presented by slide because of suspension of local train due to heavy rain in west Japan, 2018.) DOI: 10.1109/IIAI-AAI.2018.00111. abstract@IEEE Explorer

5)　Takayuki Oishi,「The Process of the Revitalizing Tourist Site: A Case Study of Yubara Hot Springs in Okayama Prefecture」第12回日韓中地理学会議、2018年、韓国・済州

6)　徐沉廷、黎暁妮、松浦芙佐子、全円子、湯文「일본관광사인에 대한 한·중·영 다언어화에 대한 언어 간 영향 - 언어표기와 형태에 대하여 (日本観光サインの韓・中・英の多言語化における言語間影響 ― 語の表記と形態について ―)」韓国文化産業学会2018年度冬季共同学術発表大会、2018年12月8日、COEX北会議場、381-389.

7)　松浦芙佐子、黎暁妮、徐沉廷、全円子、湯文「観光サインの多言語化における言語間影響 ― 統語構造について ― 」日本国際教養学会第8回全国大会、2019年3月16日、兵庫県立大学

8)　徐沉廷、黎暁妮、松浦芙佐子「한국관광안내사인 다언어표기 오용분석 (An Error Analysis of Multilingual Sightseeing Signage in Korea)」大韓経営学会2019年度春季統合学術大会、2019年6月14日、ソウル大学、113.

9)　徐沉廷「관광안내사인의 다언어표기 언어 간 영향 (観光案内サインの多言語表記における言語間影響)」韓国文化産業学会2019年度秋季学術発表大会、2019年10月26日、世宗大学、30-33.

10)　渡辺寛之「岡山県の高校生の金融リテラシーとパーソナリティ～大規模アンケート調査に基づく実証分析～」岡山商科大学経済学研究会、2020年2月12日、岡山商科大学

11)　加藤真也、田中勝次「ノンサーベイ法による地域間産業連関表の作成と活用 ― 岡山県における農業振興を事例として ― 」日本経済政策学会第77回全国大会、2020年5月24日、追手門学院大学

（4）　その他

1）　学外での講演会、研究会、テレビ・ラジオ出演等

① 宮偉、黎暁妮、徐沈廷、全円子、松浦芙佐子「正しく伝わっているの？ 〜案内サインの多言語対応 in 岡山市〜」「岡山市観光推進課主催ESD カフェ」、2017 年 12 月 21 日、環境学習センター「アスエコ」

② 松浦芙佐子、宮偉、黎暁妮、徐沈廷、全円子「世界の案内サイン わかるかな？」第 13 回岡山市北区京山地区 ESD フェスティバル、2018 年 1 月 27 日、岡山市立京山公民館

③ 松浦芙佐子、出前講義「観光ビジネスと多言語化」、2018 年 8 月 23 日、岡山県立西大寺高等学校

④ 渡邉憲二「岡山県におけるフードビジネスと地域活性化に関する研究」産学官連携大学シーズ＆民間企業ニーズマッチング会、岡山市主催 2018年 9 月 15 日、中国銀行本店

⑤ 三好宏「笠岡市真鍋島の観光振興」「Fresh Morning OKAYAMA「ShodaiStyle」」、2018 年 8 月 14 日、FM 岡山

⑥ 井尻裕之「地域経済における金融の役割」「Fresh Morning OKAYAMA「ShodaiStyle」」、2018 年 8 月 28 日、FM 岡山

⑦ 松浦芙佐子、黎暁妮「岡山市におけるコミュニケーション支援について」「Fresh Morning OKAYAMA「ShodaiStyle」」、2018 年 9 月 11 日、FM 岡山

⑧ 渡邉憲二「フードビジネスと地域活性化に関する研究」「Fresh Morning OKAYAMA「shodaistyle」」、2018 年 9 月 25 日、FM 岡山

⑨ 海宝賢一郎「空き家再生について」「Fresh Morning OKAYAMA「ShodaiStyle」」、2018 年 10 月 9 日、FM 岡山

⑩ 箕輪弘嗣「スマホ手に新庄周遊」山陽新聞朝刊、2018 年 11 月 25 日、29

⑪ 箕輪弘嗣「おかやまテクノロジー展 2018 に出展して」学報 111 号、2018 年、7

⑫ 西敏明「地域内の経済循環の分析・考察　地域内の経済におけるものづくりの基盤となる組織能力を構成する小集団改善活動の有効性」第 18 回

統計情報交換会、2018年

⑬　松浦芙佐子、黎暁妮、徐沇廷、湯文「北房農泊推進協議会運営「北房まちの駅」AZAE ゲストハウス＆ドミトリーの館内インフォメーションの改訂並びに英中韓翻訳」2019年5月

⑭　三好宏「研究ブランディング事業、真鍋島、里庄での取り組みについて」「Fresh Morning OKAYAMA「ShodaiStyle」」、2019年8月13日、FM岡山

⑮　松浦芙佐子、出前講義「ビジネスと異文化コミュニケーション」、2019年8月23日、岡山県立西大寺高等学校

⑯　大石貴之「研究ブランディング事業、湯原温泉での取り組みについて」「Fresh Morning OKAYAMA「ShodaiStyle」」2019年8月27日、岡山FM

⑰　國光類「生活の質の向上 ― 結婚・子育てに向けた若者支援と高齢者の活用」「朝刊ラジオ～元気！ おかやま「魅力のプロフェッサー」」、2019年10月2日、16日、30日、岡山シティエフエム・レディオモモ

⑱　大石貴之「湯原温泉における新たな地域資源を活かした観光振興」「朝刊ラジオ～元気！ おかやま「魅力のプロフェッサー」」、2019年11月6日、20日、岡山シティエフエム・レディオモモ

⑲　松浦芙佐子、黎暁妮、徐沇廷「岡山市におけるコミュニケーション支援及び言葉のバリアフリー化」「朝刊ラジオ～元気！ おかやま「魅力のプロフェッサー」」、2019年12月4日、18日、岡山シティエフエム・レディオモモ

⑳　天野雅敏「備前醤油の歴史・現状・展望」「朝刊ラジオ～元気！ おかやま「魅力のプロフェッサー」」、2020年1月8日、15日、29日、岡山シティエフエム・レディオモモ

㉑　西敏明「地域内の経済循環の分析・考察　地域経済におけるものづくりの基盤となる組織能力を構成する小集団改善活動の有効性」「朝刊ラジオ～元気！ おかやま「魅力のプロフェッサー」」、2020年2月5日、19日、岡山シティエフエム・レディオモモ

㉒　海宝賢一郎「空き家再生（中古住宅流通の活性化、地域資産の有効活

用)」「朝刊ラジオ～元気！ おかやま「魅力のプロフェッサー」」、2020 年
3 月 4 日、18 日、岡山シティエフエム・レディオモモ

㉓ 國光類、その他「高齢期のくらしと仕事に関する調査〈報告書〉」（最終
閲覧 2020 年 10 月 2 日）、瀬戸内市 HP　http://www.city.setouchi.lg.jp/
ikkrwebBrowse/material/files/group/25/shigotochosa.pdf

㉔ 國光類、他「高齢者の雇用に関する調査〈報告書〉」（最終閲覧 2020 年 10
月 2 日）、瀬戸内市 HP　http://www.city.setouchi.lg.jp/ikkrwebBrowse/
material/files/group/25/koyouchosa.pdf

2）　学内行事、学内シンポジウム等

① 松浦芙佐子、黎暁妮、徐沈廷、全円子「岡山市におけるコミュニケー
ション支援及び言葉のバリアフリー化『観光サインの英語表記における
翻訳の質向上』」「文部科学省・平成 29 年度私立大学研究ブランディング
事業、岡山商科大学「『寄り添い型研究』による地域価値の向上」シンポ
ジウム、2018 年 6 月 7 日、岡山商科大学

② 天野雅敏「備前醤油の歴史・現状・展望」「文部科学省・平成 29 年度
私立大学研究ブランディング事業、岡山商科大学「『寄り添い型研究』に
よる地域価値の向上」シンポジウム、2018 年 6 月 7 日、岡山商科大学

③ 海宝賢一郎「空き家再生」「文部科学省・平成 29 年度私立大学研究ブ
ランディング事業、岡山商科大学「『寄り添い型研究』による地域価値の
向上」シンポジウム、2018 年 6 月 7 日、岡山商科大学

④ 松浦芙佐子「クイズで学ぶ観光サイン ～へぇ、商学って身近なことが
テーマなんだ～パート 2 」岡山商科大学オープンキャンパス、2019 年 2
月 14 日、岡山商科大学

⑤ 渡辺寛之「金融リテラシーアンケート分析結果」、2019 年 6 月、岡山商
科大学から県下 35 高等学校へ送付

⑥ 松浦芙佐子、黎暁妮、徐沈廷「多言語サインでおもてなし」岡山商科大
学オープンキャンパス、2019 年 8 月 3 日、岡山商科大学

（大﨑　紘一・三好　宏・三浦　尚子・井尻　昭夫）

第 2 章

「寄り添い型研究」の意義と課題

1. はじめに

　本章の目的は、文部科学省平成29年度私立大学研究ブランディング事業「『寄り添い型研究』による地域価値の向上」の助成を受けて実施した筆者の地域での取組みから明らかになった、「寄り添い型研究」の意義と課題を整理することである。

　そもそも「寄り添い型研究」とは、文部科学省の同事業の公募に応募するために筆者らが中心となって打ち出した、社会科学系大学としての地域研究の新たなあり方である。従来社会科学の分野で大学が地域をフィールドに研究を行う場合、各種統計資料や実地調査によって地域の現状把握を行い、その結果を分析し、報告書作成、政策提言などへと結びつける流れが一般的であった（大﨑・三好、2020：10)。しかし、そうした研究は地域の人たちからは上から目線の「机上の空論」と捉えられがちであったり、研究が終わればその地域と大学との関係が途切れたりしていた。「寄り添い型研究」とはこうした実情に対する反省から、地域と同じ目線に立ち、これまでに行われてきたような研究を進めながら、時には地域の人々と各種コミュニティ活動、特産品開発、地域イベントの実施運営などを協働するという、地域との共同／協働研究と位置づけたものである。

　こうしたスタイルの研究は、計画段階から容易に実施できるとは考えてはいなかったが、実際3年間の活動を通じてやはり様々な課題が浮き彫りになっ

た。「寄り添い型研究」を今後どのように進めていけばよいのだろうか。本稿の問題意識はそこにある。以下では、まず筆者の研究テーマである「笠岡市真鍋島の観光振興」と「地域ブランド戦略 — 観光客、移住者の増加に向けた地域ブランド戦略 — 」の内容を簡単に紹介した後に、「寄り添い型研究」の意義と課題を地域側と大学側それぞれにおいて述べる。

2. 研 究 内 容

（1） 笠岡市真鍋島の観光振興

　笠岡市真鍋島（以下、真鍋島と表記）での研究目的は、研究ブランディング事業実施前から学生たちと取組んでいた笠岡諸島における観光プラン作成に関する活動をさらに進めるというものである。従前の取組みから打ち出されたコンセプトは「地域の課題解決と観光の融合」というもので、真鍋島をはじめとする笠岡諸島が持つ魅力を観光資源に磨きあげながら、少子高齢化、人口減少に見舞われている島の種々の課題解決策と観光を組み合わせるというものである。

　たとえば、宿泊で訪れた観光客は島の新鮮な魚、瀬戸内海の風景や島のたたずまいを楽しむわけだが、うち1日は島の遊歩道整備を島の人々と一緒になって行うといったことである。もちろん、島の人々との交流自体も観光の重要な目的となっている。近年ではこうした取組みは、ボランティア活動と観光を組み合わせたボランツーリズムと称されるが、われわれが想定しているのはもう少し観光の要素、すなわち楽しさを取入れたものを検討している。

　ちなみに、課題解決策のための試案としては、「島歩きマップの作成」がある。これは学生や島の人々、島に訪れた人が一緒になって、島のマップづくりのワークショップを開催するというものである。これを案とする根拠は、①準備など手間がかからず、②島外の人も参加しやすい、③いろいろと歩くことで遊歩道をはじめとする整備が必要な箇所を把握できる、④島の人にお薦めスポットを紹介してもらいマップの価値を高める、⑤その場所に昔話なども書き込み島の記録を残す、⑥作成したマップを訪れた人に買ってもらう、という効

果が期待できるからである。

　研究方法としては、実験的なイベントやモニターツアーの実施により、プランの完成度を高めていくと同時に、そのイベントやツアー自体が島の魅力の情報発信、課題解決活動の一端を担うというやり方を模索した。この点で真鍋島での取組みは純粋な研究というよりも実践的な活動であり、それを通じて観光マーケティング、ないしは地域マーケティングの研究上の新たな課題を見つけ出すことを目指した。

（2）　地域ブランド戦略 ── 観光客、移住者の増加に向けた地域ブランド戦略 ──

　ここでの研究目的は、和気郡和気町（以下、和気町と表記）を対象地域として、地域ブランドの形成における地域空間ブランディングと地域産品ブランディングの相互作用について明らかにすることである。この視点は、小林（2016）が地域ブランディングを地域空間と地域産品とに区別して考察していることに依拠しているが、その相互作用については触れられていないことによる。もっとも、彼の研究の評価できる点は、従来のブランド研究は、ブランドがどのような要素によって構成され、強いブランドに育成するためには何が必要かといった議論が中心であったのに対し、ブランドになっていくその過程、企業側の視点に立つといかにしてブランドに育てていくかという、「ブランディング」に注目していることである。

　なぜならば、企業の新製品開発がゼロからスタートし、アイディア創出、コンセプト開発という流れの中で製品ないしはブランド化が目指されるのに対し、地域ブランドとして地域が地域空間や地域産品をブランドにしていくというのは、そこの空間、ないしは農産物、手工芸品といった「すでにそこにあるもの」をどうブランドとして、人々、特に域外の人たちに認知され購買してもらうのかが重要なテーマとなるからである。つまり、ブランドに向けての過程の方により注目する必要があるのである。本研究では、宮副（2014）、田村（2011）他の研究で示されている地域ブランド化、地域活性化のモデルも手掛かりに、対象地域におけるブランディングについて研究を進めた。

　研究方法は、自治体、地域おこし協力隊、観光業者、地域産品開発関係者

などへのヒアリングと同時に、筆者自身の和気町との関わり、「和気町観光特産品開発促進事業補助金審査委員会委員」「吉井川流域 DMO 有識者会議メンバー」という立場も活用して、地元関係者と関わりながら研究を進めた。

　なおこの研究テーマの対象地域は、研究ブランディング事業2年度目から美作市海田地区、浅口郡里庄町（以下、里庄町と表記）、真庭市北房地区が加えられた。

3. 「寄り添い型研究」の意義

（1）地域における意義

　各地域における研究は一様に取組めたわけではなく調査回数や内容も含め濃淡があったのも事実である。しかし、教職員や学生と地元の人々との共同／協働である寄り添い活動として次のような内容を実施し、ある程度の成果はあげられたものと考えている。

　真鍋島では、島の特産品に仕立てようとしているニンニク関連商品の生産・販売支援と小学校・中学校・公民館の合同運動会への参加協力を行った。

　美作市海田地区では室町時代から続くと伝承されている製法による海田天日干し番茶の製造と販売に協力した。

　里庄町では、町の特産品にしようとしているイネ科の多年草植物で中華料理の高級食材にもなっている「まこもたけ」のブ

図2-1　KTB通信第14号（裏面）

ランド化に向けての生産者支援事業の実施と、新規生産者獲得に向けてのポスター、および収穫マニュアルを制作した。

　真庭市北房地区では、本学の産学官連携センターとの共同で江戸時代から残る「北房大師巡り」の巡礼 WEB 地図作成、ホタルフェス・ぶり市など各種イベント協力、プレスリリースを通じてマスコミ取材を促す広報支援を実施した。さらにこの協働活動をきっかけとして、2019 年度卒業生の真庭市地域おこし協力隊就任にもつながっている。

　取組みに対する地元の評価は、現段階ではそれに関するアンケートやヒアリングなどを実施していないので、客観的なデータを示せるわけではない。しかし、たとえば図 2-1 で示した美作市海田地区の地元活動団体が発行している広報紙「KTB 通信」第 14 号では、「昨年は岡山商大三好ゼミのおかげで番茶ができました」という囲み記事でとりあげられていることからもわかるように、大げさではなく協働活動に対しては一定の意義はあったものといえよう[1]。

（2）　大学における意義

　一方大学側はどうだろうか。今回の研究ブランディング事業は、研究開始時に岡山商科大学が包括連携協定を結んでいる 8 市町村を研究対象としている。

図 2-2　里庄町での成果物（一部）

こうした地域に各担当者が入り込み地域研究を実施したことは、単に協定を結んで終わりというのではなく、具体的な活動としてより連携を強化する方向に進めることができたといえる。実際、真庭市北房地区など当該地域での研究活動が継続されているテーマもある。

その他には、学生の教育面での意義である。すべての地域で行えたわけではないが、たとえば里庄町では、2年度にわたり活動した内容を卒業論文にまとめた学生が計5名生まれた。研究論文の完成度合いとしては決して高いものではないが、文献、インターネットで調べてまとめただけというのではなく、関係者へのヒアリングやアンケート調査を行い、まさに自分の足で稼いだ論文に仕上がっている。考察部分も地元関係者にとって有効な示唆となっており、実証論文として十分に位置づけられるものである。

この里庄町での取組みは、図2-2で示しているように、まこもたけのブランド化に向けての生産者に対する農作業支援に加え、ブランド化・販売促進策として参考となる報告書、新規就農者募集チラシの作成なども行っており、地域の実践活動にも貢献した「寄り添い型研究」の一つのモデルケースとなるものと認識している。

4. 「寄り添い型研究」の課題

（1）地域側の課題

「寄り添い型研究」を進めるうえで課題も多い。大﨑・三好（2020）の第5節において、地元の受け入れ体制の違いによって、大学の地域活動への関わり度合いが異なることを指摘した。そこで述べたことは、地域研究を行う場合、地元行政が加わった共同研究であれば、関係者間の調整、調査研究の準備補助、データの提供などを比較的容易に受けることができ、ある程度うまくいくものと思われるが、そうでないと厳しいというのが現状であった。

たとえば、里庄町ではもともと役場の農林建設課が計画して本学に対して協力要請があったことから、地元の方々との調整や、まこもたけ生産者支援のための学生の圃場派遣に関する人配を手掛けてくれたり、調査先への連絡対応な

ども行ってくれたりして、地元との協働に向けての準備自体は大学側としてさほど苦労もなく実施することができた。

　また真庭市北房地区も、地元（一社）北房観光協会、北房まちづくり会社（株）、真庭市北房振興局がスクラムを組んで、地域の観光振興、地域活性化に取組まれていたので、そこに本学が参加するという形にスムーズに移行することが可能であった。

　その一方で美作市海田地区においては、地元有志の団体のみとの共同／協働であったので、その団体の活動方針、事情によって、大学の対応も苦慮することが多少存在した。これは地域貢献と裏表の関係であるが、あまりに大学を頼られてもこちらとしてはそこまではできないことも多く、あくまでも地域の活動は地元の人たちが主体的に行ってもらわなければならない。大学側は、それを支援する立場であることをしっかりと認めてもらう必要がある。

〔2〕　大学側の課題
　課題があるのは大学側も同様で、本学の研究ブランディング事業17テーマについて当初想定したような「寄り添い型研究」となっているのは実は少ない。筆者と大石准教授、海宝教授、松井教授の対象地域ぐらいである。大学側にもこのスタイルの研究を実施していくには、多くの問題が浮かび上がった。以下、列挙しよう。

　まず、あげられるのは、時間的費用的課題である。今回の研究の特徴の一つは、教員だけではなく、学生や職員、すなわち大学全体として地域に関わり研究を進めるというものであった。しかし、いうまでもなく学生は日々の授業があるし、教職員も講義や通常業務がある。地域での活動に関心を持っているという学生が本学においてはまだまだ少ないということもあるが、多少なりとも関心がある学生もクラブ活動やアルバイトがあり、そうしたことも合わせると地域協働活動に時間を自由に使える学生の人数はさらに少なくなる。

　また、学生がこうした地域活動に関わるためには学外行事となるので、活動予定日よりかなり前から参加メンバーを確定し、大学に伺い書類を提出し、活動保険加入の確認も踏まえ、引率の承認を取らなければならない。

その際、事前に学生メンバーを確定していても、何らかの所用が入ったりして、当初予定していたメンバーが当日参加できないという混乱は多々生じた。

交通費や宿泊費をはじめ諸費用も、今回の事業は文科省からの研究助成金で対応できたのだが、お昼の弁当代は除いて食事代などはカバーされていない。宿泊を伴う活動となれば、夕食などの自己負担が発生する。しかも観光がテーマとなると旅館などでの食事となるので、コンビニで弁当を買うのとは事情が異なる。あるいはマルシェのようなイベントに参加すると、地域の人々の手前、自分でそこで売られている商品をある意味付き合いで買ったりすることもある。費用を自分で支払ってまで地域でのフィールドスタディに参加しようという学生は、本学においては一部の者しかいない現実がこの点でも大きく横たわっている。

教員側においても、学生を連れて地域に出るというのは極論をいえば日常業務のプラスアルファとなるので、学生の安全確保や参加募集・日程調整他の困難さを予想すると、積極的にやろうというモチベーションがあがらないのも実情である。

さらに、こうした活動を学生が主体となって取組んでくれているかといえばそうではない。まだまだ教員が計画、先方との交渉、学生への周知連絡、活動に向けての準備、サポート、フォローなどが必要である。

5. 結びにかえて

本章では、筆者の研究ブランディング事業に関する内容を簡単に紹介したうえで、「寄り添い型研究」の意義と課題について述べてきた。この事業への筆者の取組みは不完全な部分も多かったが、少子高齢化で疲弊する日本の地域の将来を考えれば、本学が今回打ち出した方向性は、大きな可能性を持っているものと確信している。ここであげた課題を、一つひとつできるところから克服して、地域への寄り添いをさらに進化／深化させる必要性があるし、それに向けて邁進できればと考えている。それらの課題解決に向けてはさしあたり次のような対策を検討し、実行に移している。

　たとえば寄り添い活動に向けての学生の育成では、本学経営学部商学科では、1年次から積極的に地域に出てフィールドスタディをしたい学生を同じ教養演習のクラスに固め、各種プロジェクトに参加させたりして入学当初よりその意識を高める工夫をしている。2年次からは授業としてフィールドスタディ科目を履修できるようにし、3年次の同様の科目へつなげるようにしている。また、一部のゼミでは積極的にフィールドスタディを推進している。

　試行錯誤の連続になるとは思われるが、大学が地域に寄り添う形で関わることで、地元活動組織の強化を促し、何かと強い味方になれるように今後も取組みを続けていきたいと考えている。

　以上、本章では「寄り添い型研究」のあり方を中心に総括してきたが、最後にこれらの取組みを通じて明らかになった地域産品ブランディングに関する新たな研究課題を述べて章を閉じたい。それは、生産量の問題である。真鍋島のニンニク関連商品、里庄町のまこもたけ、美作市海田地区の天日干し番茶は、いずれも少量生産である。従来のブランド研究は一般にメーカー製品のブランドを想定しているので、量の側面はまったく考慮外としている。しかし、地域産品は生産量を簡単に増やすことができない。ブランドとして人々に認知されるためには、どうしてもある程度の量が確保されなければならず、この問題はかなり深刻である。地域ブランド研究における新たな課題といえる。これについては今後の課題として、別の機会でまた考察したい。

謝　辞

　本研究は、文部科学省平成29年度私立大学研究ブランディング事業「『寄り添い型研究』による地域価値の向上」の助成を受け実施した。

文　献

大﨑紘一・三好宏（2020）「大学での地域実践型活動への取り組み」井尻昭夫・江藤成博・大﨑紘一・三好宏・松本健太郎編『大学と地域　持続可能な暮らしに向けた大学の新たな姿』ナカニシヤ出版

海田天日干し番茶プロジェクト（2019）『KTB通信』第14号

小林哲（2016）『地域ブランディングの論理　食文化資源を活用した地域多様性の創出』有斐閣

田村正紀（2011）『ブランドの誕生』千倉書房

宮副謙司（2014）『地域活性化マーケティング　地域価値を創る・高める方法論』同友館

三好　宏（2020）『令和元年度　里庄まこもたけブランド化推進に関する検討支援業務報告書』

注

1)　その他真鍋島や里庄町、真庭市北房地区も同様で、こうした声はことあるごとに聞いている。

（三好　宏）

第 3 章
食の安全と法

1. はじめに

　本章は、2019 年度岡山市食品衛生監視指導計画（以下監視指導計画という）において策定された「重点事項」及びその実施結果報告書に基づき、岡山市が取組んでいる食品衛生行政の特色について、検討していくものである。

　わが国の食品衛生行政は、主として食品衛生法に基づき、同法に従って行われている。

　同法は、「食品の安全性の確保のために公衆衛生の見地から必要な規制その他の措置を講ずることにより、飲食に起因する衛生上の危害の発生を防止し、もって国民の健康の保護を図ること」を目的としている（食品衛生法 1 条）。そしてこの目的を達成するために必要な行政活動について、いくつかの定めを置いているが、その中でもとりわけ「食品衛生監視制度」が同法の目的を達成していくうえで、重要な役割を果たすものと考えられる。

　以下、岡山市が、食品の安全性を確保し、岡山市民の健康の保護を図るために策定した、2019 年度監視指導計画の中でも特に岡山市が同年度の監視指導計画において重点事項としたものを中心に、その概要を紹介したうえで、それらの特色について検討していくことにする。

2. 2019年度岡山市食品衛生監視計画

（1） 食品衛生監視制度

　食品衛生法は、「食品及び添加物」「器具及び容器包装」「表示および広告」に関して、人の健康を損なう恐れのある食品及び、添加物の販売等を禁止する規定や、有毒有害な器具、または容器包装の販売等を禁止する規定を置いている（6条、10条）これらの禁止規定等を事業者が遵守しているかどうかを監視するための制度として、食品衛生監視員による監視制度がある（28条）。

（2） 食品衛生監視指導計画の策定

　食品衛生法は、都道府県知事、保健所を設置する市（政令指定都市及び中核市）の市長又は特別区の区長（以下都道府県知事等という）に、厚生労働大臣等が策定する監視指導指針に基づく「食品衛生監視指導計画」の策定を義務付けている（24条1項）。

　岡山県下の自治体では、岡山県、岡山市及び倉敷市に当該計画の策定が義務付けられている。

（3） 2019年度岡山市食品衛生監視指導計画

1） 計画期間

平成2019年4月1日から平成2020年3月31日まで

2） 監視指導計画の実施機関

　岡山市保健管理課、保健所及び食肉衛生検査所が互いに連携し、監視指導計画に基づく各事業を実施している。

　また、厚生労働省や消費者庁等の国の行政機関や、他の自治体と緊密な連携・協力のもとに、市の関係部局及び関係機関が連携して食の安全・安心を確保するための施策を行うとともに、事業者や消費者と協力して施策を進めていくための体制を整備していくこととなっている。

3)　監視実施体制

実施機関名称	主な業務内容
保健福祉局　保健管理課 〈係員 4 人〉	・食品衛生に関する企画立案 ・保健所、食肉衛生検査所との連絡調整 ・庁内関係部局、国、他自治体との連絡調整 ・公表対応
保健福祉局　食肉衛生検査所 〈と畜検査員・食鳥検査員・食品 衛生監視員兼任 13 人〉	（疾病検査係） ・と畜検査、食鳥検査に関すること （監視指導係） ・と畜場、食鳥処理場の監視指導に関すること
岡山市保健所　衛生課 〈食品衛生監視員 14 人〉	（食品衛生班） ・営業許可 ・市民からの苦情相談対応 ・食中毒・違反食品等の調査及び措置 （食品監視班） ・食品製造施設（大規模弁当そうざい製造施設 　など）への専門的な監視指導 （市場監視班） ・岡山市中央卸売市場内の監視指導、食品検査
岡山市保健所　衛生検査センター 〈微生物検査 3 人〉 〈理化学検査 2 人〉	・食品の微生物検査（細菌、ウイルス） ・食品の化学検査（添加物、残留農薬等） ・食中毒や苦情のあった食品の検査 ・食品事業者の衛生措置、消費者の食中毒予防 　対策等に関する調査研究

※配置人員は 2018 年 12 月現在の人数
出典：2019 年度岡山市食品衛生監視指導計画 4 頁

4)　2019 年度の重点事項

　2019 年度の監視指導計画の重点事項は、① HACCP[1] による衛生管理の導入推進、②ノロウイルスによる食中毒防止、③食肉による食中毒防止となっている。

　食品衛生法の目的は、すでに述べたように「飲食に起因する衛生上の危害を防止し、もって国民の健康の保護を図ること」であるから、上記①〜③のよう

な食中毒菌汚染から国民の身体の安全や健康を護る施策を重点事項とすることは当然のことと思われる。以下これらの取り組みの内容について説明する。

① HACCP による衛生管理の導入推進

2018 年 6 月に「食品衛生法等の一部を改正する法律」が公布され、国際基準として広く普及している HACCP に沿った衛生管理が制度化された。同法の 2020 年からの施行に向け、岡山市では、食品等事業者に対し、HACCP に沿った衛生管理の導入を積極的に推進していくこととしている。具体的には、HACCP に沿った衛生管理を行うための衛生管理計画の作成、記録の作成等について、各業界団体が作成する HACCP 導入の手引書等を活用しながら、必要な指導助言を行うとともに、消費者および、食品等事業者に対して、ホームページ等の広告媒体や啓発資材を活用し、HACCP に関する情報提供を行っている。また、消費者への普及啓発も行うこととしている [2]。

② ノロウイルスによる食中毒防止

ノロウイルスは、冬場に起こりやすい食中毒なので、岡山市は、食品添加物等の年末一斉取締実施期間を設け、その期間を中心に食品等事業者への指導や、広く消費者や飲食店等食品等事業者に対して予防啓発を行うことにしている。

前者の指導については、ノロウイルスに感染した場合に、重症化しやすい高齢者、子ども等が利用する社会福祉施設や、事故が大規模化しやすい弁当調理施設・旅館・ホテル等の大量調理施設を中心に、調理従事者の健康管理、手洗いの徹底、施設や器具類の消毒等、ノロウイルスの汚染拡大防止について重点的に指導している。後者の予防啓発については、広報紙やホームページ等を活用し、手洗いの徹底や食品の十分な加熱等、ノロウイルスによる食中毒の予防啓発に努めるものとしている。また、特にノロウイルスによる中毒の発生が予想される場合に、岡山県が発令する「岡山県食中毒（ノロウイルス）注意報」をもとに、食中毒予防の注意を喚起し、「岡山市食の安全に係る関係課連絡会議」の厚生課へ岡山県食中毒（ノロウイルス）注意報発令状況などの情報提供を行い、関係各課と連携を取りながら食中毒の発生

予防に努めるものとしている[3]。

③　食肉による食中毒防止

　近年、食肉を加熱せずに、あるいは不十分な加熱で食べる（以下「生食等」という）ことにより、腸管出血性大腸菌、カンピロバクター等による食中毒が多発している。

　食品衛生法により、牛の肝臓（レバー）や豚の食肉（内臓を含む）を生食用として提供することは禁止されており、牛の生食用食肉（内臓を除く）については、規格基準に適合したものを提供するように定められている。

　一方鶏肉等についての生食の基準は設定されていない。岡山市ではこれらの点を踏まえて、食品事業者等へ次のような指導を行うこととしている。

(i)　岡山県営食肉地方卸売市場をはじめ、食肉処理場、食肉販売業、飲食店営業などの関係営業施設に対して重点的に監視し、規格基準の遵守や二次汚染防止の指導を行う。

(ii)　鶏肉等を生食等で提供する施設に対し、鶏肉等の生食等による食中毒の危険性について十分な情報提供をするとともに、生食等での提供を控え、また十分な加熱をした後提供するように指導する。

(iii)　近年増加している野生鳥獣肉の処理等を行う事業者に対し、「岡山県野生鳥獣肉衛生管理ガイドライン」に基づき、衛生的な取り扱いを徹底するよう指導する。

　また、消費者に対しては、生食等を喫食すると、腸管出血性大腸菌やカンピロバクター等による食中毒を起こしやすくなることを広報紙やホームページ等で情報提供している。さらに焼肉などは、十分な加熱をした後喫食し、加熱の際の器具と喫食する際の器具を使い分けるように啓発するとともに、保健センターで実施している3歳児健康診査の対象家庭にリーフレットを配布し、保護者が子どもに生食等をさせないよう注意喚起することとしている[4]。

　以下章を改めて、これらの重点事項の実施状況を紹介する。

3. 2019年度重点事項の実施状況

（1） HACCPによる衛生管理の普及推進

1） 食品関連事業者への指導・助言

「食品衛生法等の一部を改正する法律」が公布され、HACCPに沿った衛生管理制度が法制化されたことに伴い、食品関連事業者に対するHACCPについての普及啓発が行われた。

① 飲食店等の食品関連事業者1,458件に対し、各業界団体が作成した手引書を用いてHACCPに沿った衛生管理の導入に向けた指導及び助言が行われた。

② 小規模飲食店営業者を対象としたHACCP講習会を2回（参加者184名）、旅館・ホテル営業者を対象としたものを1回（参加者54名）開催し、HACCPに沿った衛生管理の説明、衛生管理計画の作成支援が行われた。

③ HACCPによる衛生管理を導入している、と畜場一施設に対しては、適切な運用が行われるよう指導及び助言が行われた。

2） HACCPによる衛生管理の普及啓発

消費者および食品関連事業者に対し、ホームページ等の広報媒体や啓発資材を活用したHACCPシステムに関する情報提供が行われた。

① 厚生労働省の令和元年度HACCP導入支援事業を活用して、小規模飲食施設2,936施設に手引書が送付され、周知が図られた。

② 市内在住小学生を対象としたリスクコミニュケーション事業では、HACCPをテーマとして取り上げ、HACCPによる衛生管理、家庭で行うHACCP等に関する講演及び意見交換が行われた[5]。

（2） ノロウイルスによる食中毒の防止

1） 食品関連事業者への指導

① 社会福祉施設、学校および病院に対する指導

調理従事者の健康管理、手洗いの徹底、施設・器具類、加熱せず提供す

る野菜や果物の消毒等について重点的に指導が行われるとともに、施設内から調理施設へのノロウイルスの拡散防止対策についての指導が行われた。

②　弁当調理施設・旅館・ホテル等大量調理施設に対する指導

調理従事者の健康管理、手洗いの徹底、施設や器具類の消毒等、ノロウイルスの汚染拡大について重点的に指導が行われた。

なおそれぞれの施設に対する監視指導件数は、次のとおりである。

学校　57件、社会福祉施設　125件、病院　69件、大量調理施設　69件[6]

2）ノロウイルス食中毒予防啓発

広く消費者や食品関連事業者に対して、広報紙、ホームページ等を活用し、手洗いの徹底や食品の十分な加熱等、ノロウイルス食中毒の予防啓発が行われた。具体的には次のとおりである。

①　岡山県食中毒注意発令に伴う注意喚起をホームページに掲載（2019年12月）

②　保健所フェスタおよび「わくわく子どもまつり」にて、来場者にATPふき取りキットによる手指のふき取り検査やクイズを行い、手洗いの重要性について普及啓発した。また、リーフレットを配布し、市民への周知を図った（同年8月、11月）

③　市民のひろばおかやまに「ノロウイルスによる食中毒を予防しよう！」の記事を掲載（同年12月）

④　市政ラジオ（レディーモモ）、市政テレビ（Oniビジョン）においてノロウイルスによる食中毒予防をテーマとして取り上げた（同年12月）

⑤　岡山市食の安全に係る関係課（8課）へ情報提供し、関係各課と連携を図りながら食中毒の発生予防に努めた[7]。

3）食肉による食中毒防止

①　食品関連事業者への指導

年間を通じて、関係施設に対する監視指導を実施した。食品関連事業者に対して、岡山県営食肉地方卸売市場から、焼き肉などの飲食店に至るまで、リーフレット等を活用しながら、食肉による腸管出血性大腸菌、カンピロバクター等の食中毒予防について指導を行った。特に、カンピロバクター対策

として、食鳥肉卸売販売者に対しリーフレットを配布し、指導を行った。

　なお食肉による食中毒の防止監視指導件数は、岡山県営食肉地方卸売市場（235件）、食肉処理場（30件）、食肉販売業（76件）、飲食店営業（100件）、合計441件となっている

　また、岡山県営食肉地方卸売市場において、腸管出血性大腸菌 O26, O103, O111, O121, O145 および O157 について、牛枝肉の拭き取りを12検体検査したところ、すべて陰性だった

② 　消費者に対する啓発指導

(i)　若年層への取組みとして、市内の1大学、1短期大学において、カンピロバクターについて講義を行うとともに、大学でリーフレットを配布して注意を喚起した。また、他の1大学においては、大学生協と連携し、学内でリーフレットを配布して注意を喚起した。

(ii)　市民のひろば8月号で「8月は食品衛生月間です」として、カンピロバクターによる食中毒についての注意を喚起した。

(iii)　保健センターで実施している3歳児検診の対象家庭にリーフレット訳6,000枚を配布し、親が子どもに生肉を食べさせないように注意喚起した[8]。

4.　ま　と　め

　以上2019年度岡山市食品衛生監視指導計画における、重要事項とその実施結果についてみてきたが、最後にこれらの点について若干の検討を行う。

（1）　監視指導の成果

　人の生命・身体や健康を損なう食品から身を護るためには、国民一人ひとりの自助努力も必要であるが、現代社会においては、行政の適切な指導・監督が不可欠である。食品衛生法においては、特定の自治体に、「食品衛生監視計画」を年度ごとに策定することが義務付けられている。岡山市がここ数年来当該計画の重要事項として取り上げている事項は、①HACCP による衛生管理の導入推進、②ノロウイルスによる食中毒防止、③食肉による食中毒防止である。

②および③による食中毒は、過去に多くの犠牲者を出しており、行政が重点的に発生防止に努めることが求められる行政活動領域である。

これらの予防対策として岡山市は、(i) 食品事業者への個別的指導及び (ii) 消費者（岡山市民）に対する啓発指導という、2 通りの予防対策を講じている。(i) について見てみると、岡山市内の監視指導対象となる食品関連施設数は令和 2 年 3 月末で、19,439 施設（許可が必要な業種〔飲食店営業等〕13,910、許可を必要としない業種〔野菜・果物販売等〕5,529）あり、2019 年度に監視指導を行ったのは、全体の半分近くの 8,590 件（許可が必要な業種 5,729、許可を必要としない業種 2,861）であった。

岡山市では、監視指導の結課、食品の取り扱いおよび表示灯に関する違反・不適項を発見した場合には、文書等により改善指導を行い、食中毒が発生した場合は、原因となった施設に対して営業停止処分等の行政処分を行い、再発防止のための指導を行った。

なお 2019 年度の食中毒は 3 件発生したが、死者は 0 であった[9]。人口 60 万人以上の都市においてこのように食中毒の発生件数が少なく、死者が出なかったことは、このような行政の日頃からの尽力によるものが大きかったものと思われる。

(ii) については、イベント（夏休み親子市場勉強会、保健所フェスタ）、テレビ、ラジオ、広報紙、ホームページ、体験型事業、大学・短大での授業等あらゆる機会を捉え、食品の安全性に関する情報の提供を行っている。このような啓発指導を行うことにより、市民が食の安全についての関心を深め、食中毒の発生抑止につながっていくことと思われる。また、食品衛生法に基づく「食品衛生指導計画」を策定し、これを公表すること自体も、市民の食の安全に対する関心を深める重要な広報活動であるように思われる。であるとするならば計画書の内容も一般市民向けに、読みやすい、わかりやすいものであることが望まれよう。この点、岡山市の計画書は、カラー刷りで活字も大きく、表の掲示のしかたや全体のレイアウトも読みやすいような配慮と工夫がされているように思われる。

（2）　HACCP に基づく衛生管理の普及

　HACCP に基づく衛生管理制度の導入は、食の安全を確保するための制度として、行政が食品等事業者に対して広く推進しているものである。現在業種別の手引書ができつつある段階であり [10]、岡山市の食品等事業者全体に導入されていくまでには、ある程度の時間を要するものと思われる。この制度をできるだけ早期に普及させるためには、それなりの工夫が必要である。HACCP の導入が、食品等事業者にとってプラスに作用するというようなインセンティブを与えることも肝要かと思われる。例えば HACCP を導入した事業者を当該事業者の承諾を得たうえで、食の安全に配慮した事業者として市のホームページに掲載するようなこと等も検討してみてはどうかと思われる。

追　記

　本章を執筆するにあたっては、岡山市保健管理課の金澤謙介課長補佐と出井有紀副主査から適切なご教示とご助言をいただいた。ここに改めて厚く御礼申し上げる次第である。

注

1)　HACCP とは、HAZARD ANALYSIS and Critical Point の略語で、食品等事業者自らが食中毒菌汚染や異物混入等の危害要因を把握したうえで、原材料の入荷から製品の出荷に至る全行程の中でそれらの危害要因を除去または軽減させるために、特に重要な工程を管理し、製品の安全を確保しようとする衛生管理の手法をいう。FAO（国連食糧農業機構）と WHO（世界保健機構）の合同機関である、食品規格委員会から発表され、各国にその採用を推奨しているもの。(厚生労働省ホームページから参照)

2)　2019 年度岡山市食品衛生監視指導計画書 5 頁参照

3)　同計画書 5-6 頁参照

4)　同計画書 6 頁参照

5)　2019 年度岡山市食品衛生監視指導計画実施結果（以下実施結果という）3-4 頁を参照

6)　実施結果 4 頁を参照

7)　実施結果 4 頁を参照

8)　実施結果 6 頁を参照

9)　同 7 頁、11 頁を参照

10)　厚生労働省ホームページ（食品等事業者団体が作成した業種別手引書）参照

（伊藤　治彦）

第4章
近代岡山県における醤油業の展開

1. はじめに

　醤油醸造業史研究は、戦前の醤油産地の醸造元の当主の著作などからはじまり、戦後の地方史研究の進展を背景にして醤油産地の個別研究が進んだ。1970年代に入ると、近世龍野醤油史の研究や関東の銚子醤油醸造業史の本格的な研究がはじまり、1990年代以降研究対象地域を拡げ多様な研究対象が追究され、醤油の国際関係史などの研究も進んだ。岡山県は歴史のある重要な醤油産地であったといってよいが、必ずしも十分な研究がなされているわけではない。本章では、若干の先行研究をふまえて（中山、1998：1-10、前田、2006：31-54、前田、2008：39-56、前田、2010：35-52）、備前醤油の成立過程や近代岡山県の醤油業の展開過程などについて基礎的な検討を行うことにしたい。

2. 近世備前醤油の成立と京都市場

　岡山県の醤油業の展開について、1899（明治32）年の『岡山県統計書』は、「醤油ハ県下各地共産出セザルハナシ、就中児島郡及邑久、上道ノ南部ニ産スル備前醤油ハ、京都地方ノ需用ニ供給シ其名高キモノナリ」と述べている。
　児島半島は吉井川、旭川が注ぐ児島湾に面しており、作州大豆や備中小麦、瀬戸の塩などが容易に得られ、地下水にも恵まれ、醤油生産に適していた。慶長年間の角倉了以の大堰川の開鑿と高瀬舟の運航にあたって、備前は京都と結

びつきがあり、備前醤油の京都への進出は18世紀前半の享保末年に遡ると伝えられている。

　その後、京都地造醤油屋仲間が1755（宝暦5）年に内分仲間から表分仲間に允許され、1758年には備前醤油の他国醤油荷揚問屋7軒が許可された。そして、この「七軒之外ニ備前、其外大坂、堺、播州抔所々より出店多なり」、1780（安永9）年には、備前醤油の他国醤油荷揚問屋7軒に播州醤油などの他国醤油直引請問屋14軒を加えて「他国醤油売問屋二十一軒」が成立し、地造醤油株250軒に包摂された。

　1788（天明8）年の京都の大火により京都の大部分は灰燼に帰し、地造醤油醸造業は壊滅的な打撃を受けたが、備前醤油や龍野醤油の進出はいっそう進んだ。他国醤油の京都への1816（文化13）年の積登せ量は、大樽（3斗2升）で94,561挺であり、3万石余りとなっていた。産地別にみると、備前の児島が9軒で47,151挺を積登せており、播州の龍野7軒、英加1軒、姫路2軒の10軒で40,741挺を積登せていた。また摂州の灘の2軒で6,669挺を積登せている。1816年の京都への他国醤油の積登せ量の49.9％が備前醤油であったのであり、43.1％が播州醤油であり、摂津灘の醤油が7.0％であったといえよう。各地の醤油生産の発展にもとづく他国醤油の進出によって、17世紀に約40万人前後の総人口であった京都は他国醤油の消費市場へと変貌していったのである（藤田、1987：2-26）。

3. 近代岡山県の醤油業の動向

　1909（明治42）年の『岡山商工彙報』第27号、3-4頁に掲載された「岡山県の醤油業」という調査によると、備前醤油は、「味は鹹、色沢は濃、香気は良、引足は重く出来て居る。之を他に比較すると、彼の関東醤油即ち野田、銚子のものは色は濃口で味は甘く、龍野は薄口で味の甘きを特色として」おり、「京阪地方は近来薄くして甘口のものを好み、県下及広島地方は依然として濃口にして鹹きものを嗜む風がある。備前醤油の特長は、変味の虞なきと価格の比較的廉なると及鹹味なるを以て少量にして能く其用を弁ずるが故に頗る経済

的なるにある。然かし又之と反対に欠点も無論ある。即ち濃色なるが故調理さ
る、物の色づく事及鹹味の為適当の甘味料を加ふる必要のあることである」と
し、「備前濃口上物」は、「上等家庭日用の使用に適し又料理店向として魚類の
背の青き魚の煮付用に良し」とし、「備前物は、経済向に出来て居る故家庭日
用の使用醤油としては蓋し全国中第一位を占む」と述べている。

　このような特徴をもつ岡山県下の醤油業の動向をとらえるために、図 4-1
の醤油生産数量の推移をみることにしよう。

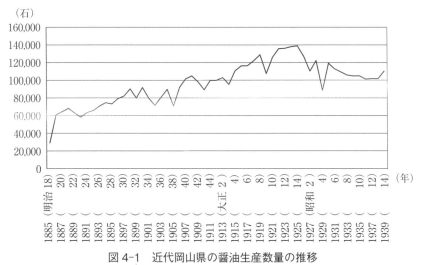

図 4-1　近代岡山県の醤油生産数量の推移
出典：岡山県企画部統計課・岡山県統計協会（1970：193）をもとに作成。

　図 4-1 によると、松方デフレ期を脱して増加した岡山県の醤油生産数量は、
1890 年の恐慌期に減少するものの、その後増加傾向をとり、明治 30 年代前半
には 8 万石前後から 9 万石となり、明治 40 年代前半には 10 万石前後に達し
ていた。そして、第一次世界大戦期からそれ以降の醤油生産数量は、戦後恐慌
期に落ち込みがみられるもののその後回復し、12 万石から 13 万石を超えてい
たが、大正末年には醤油生産数量は趨勢転換し減少傾向を辿るに至っていた。
そして、昭和初期以降の 1930 年代には 10 万石から 11 万石ほどとなり停滞的

となっていた。

　明治中期から大正期の岡山県の醤油醸造業の地域分布とその推移をつぎに
みることにしよう。1909（明治 42）年の醤油生産数量が 3,000 石以上の県下
の郡市を対象にして、生産数量の順に整列させ、郡域の調整をはかって、醤油
醸造業の動向を示す基礎的な数値を前後の期間に拡張して収集し、それらを整
理して表示したものが表 4-1 である。

　表 4-1 によると、1889 年、1899 年の醤油生産数量は、児島郡・上道郡・邑
久郡で県下の総生産数量の 42%〜43%ほどを占めており、それに岡山市の生
産数量を加えると 53%〜56%ほどになっていた。そして、苫田郡、浅口郡、
後月郡がそれに続いていた。しかし、1909 年、1918 年の児島郡の生産数量は
県下で最大とはいえ停滞的となっており、岡山市や苫田郡の生産数量も同様で
あった。浅口郡、都窪郡の生産数量はそれに対して増加傾向を示しており、後
月郡や小田郡、英田郡のそれも同様であった。1926 年の児島郡、上道郡、邑
久郡の生産数量は大きく減少し、県下の総生産数量に占める比率は 22.7%に
低下していた。それに対して、岡山市、浅口郡、都窪郡、後月郡、小田郡、英
田郡の生産数量は増加していた。岡山市の醤油生産数量のこの年の増加には、
1919 年 11 月の岡山市網濱の中国醸造株式会社（資本金 200,000 円）の設立が
その背景にあったのではなかろうか（岡山市役所、1938：4751）。

　県下の醤油製造戸数は 1899 年から 1909 年にかけて増加したが、1 製造場当
たり生産数量は減少しており、小規模醸造家の増加がみられたと考えられる。
その後、1918 年から 1926 年にかけて製造戸数の減少につれて 1 製造場当たり
生産数量の増加がみられた。1 製造場当たり生産数量は、1899 年には児島郡、
岡山市、苫田郡、後月郡、英田郡、上道郡が県下の平均的生産規模と比べて相
対的に大きな数値になっていたが、その後、児島郡、岡山市、苫田郡、上道郡
などの数値が伸び悩むなかで、後月郡、英田郡などのそれが増加していた。

　明治中期から大正期に生産数量が増加傾向をとっていた岡山県の醤油醸造
業にも、県下の郡市に即してみると変容がみられるといってよいが、その点に
ついてさらに考える前に、明治末期から大正期に停滞色を強めるとはいえ、県
下の最大の産地であった児島郡の醤油醸造業についてみておくことにしよう。

表 4-1　明治中期－大正期岡山県の醤油醸造業の地域分布とその推移

	1889 (明治22) 年		1899 (明治32) 年					1909 (明治42) 年					1918 (大正7) 年					1926 (大正15・昭和元) 年				
	生産数量		生産数量		製造戸数		1製造場当たり生産数量	生産数量		製造戸数		1製造場当たり生産数量	生産数量		製造戸数		1製造場当たり生産数量	生産数量		製造戸数		1製造場当たり生産数量
	石	%	石	%	戸	%	石	石	%	戸	%	石	石	%	戸	%	石	石	%	戸	%	石
児島郡	19,280	(30.6)	24,770	(31.0)	78	(14.7)	317.6	22,435	(22.8)	108	(14.7)	207.7	27,851	(22.8)	77	(11.8)	361.7	22,577	(17.7)	46	(11.4)	490.8
上道郡	5,018	(8.0)	5,722	(7.2)	38	(7.2)	150.6	9,236	(9.4)	39	(5.3)	236.8	9,519	(7.8)	33	(5.1)	289.4	2,815	(2.2)	19	(4.7)	148.2
邑久郡	3,200	(5.1)	3,101	(3.9)	29	(5.5)	106.9	7,049	(7.2)	42	(5.7)	167.8	7,111	(5.8)	37	(5.7)	193.0	3,494	(2.8)	13	(3.2)	268.8
浅口郡	3,795	(6.0)	4,431	(5.5)	66	(12.5)	67.1	6,292	(6.4)	84	(11.5)	74.9	10,308	(8.4)	69	(10.6)	149.4	12,385	(9.7)	43	(10.6)	288.0
都窪郡	1,988	(3.2)	2,255	(2.8)	23	(4.3)	98.0	6,290	(6.4)	37	(5.1)	170.0	9,851	(8.1)	37	(5.7)	266.3	9,425	(7.4)	33	(8.2)	285.6
岡山市	7,815	(12.4)	8,793	(11.0)	30	(5.7)	293.1	6,178	(6.3)	32	(4.4)	193.1	6,445	(5.3)	28	(4.3)	230.2	11,614	(9.1)	24	(5.9)	483.9
小田郡	2,531	(4.0)	2,150	(2.7)	28	(5.3)	76.8	4,324	(4.4)	48	(6.6)	90.1	5,731	(4.7)	42	(6.4)	136.5	6,406	(5.0)	21	(5.2)	305.0
吉田郡	4,710	(7.5)	5,104	(6.4)	15	(2.8)	340.3	4,210	(4.3)	20	(2.7)	210.5	4,250	(3.5)	25	(3.8)	170.0	5,597	(4.4)	20	(4.9)	279.9
吉備郡	1,626	(2.6)	2,996	(3.8)	32	(6.1)	93.6	3,950	(4.0)	42	(5.7)	94.0	3,869	(3.2)	37	(5.7)	104.6	2,983	(2.4)	23	(5.7)	129.7
後月郡	3,156	(5.0)	3,936	(4.9)	12	(2.3)	328.0	3,842	(3.9)	17	(2.3)	226.0	8,923	(7.3)	20	(3.1)	446.2	10,724	(8.4)	14	(3.5)	766.0
勝田郡	384	(0.6)	850	(1.1)	8	(1.5)	106.3	3,530	(3.6)	18	(2.5)	196.1	3,290	(2.7)	14	(2.1)	235.0	3,076	(2.4)	9	(2.2)	341.8
真庭郡	1,473	(2.3)	1,837	(2.3)	23	(4.3)	79.9	3,313	(3.4)	27	(3.7)	122.7	3,929	(3.2)	30	(4.6)	131.0	4,503	(3.6)	9	(2.2)	500.3
英田郡	385	(0.6)	2,011	(2.5)	11	(2.1)	182.8	3,313	(3.4)	15	(2.0)	220.9	5,331	(4.4)	11	(1.7)	484.9	10,609	(8.3)	8	(2.0)	1,326.1
上房郡	1,448	(2.3)	1,060	(1.3)	11	(2.1)	96.4	3,081	(3.1)	33	(4.5)	93.4	2,319	(1.9)	29	(4.5)	80.0	7,171	(5.6)	24	(5.9)	298.8
その他	6,136	(9.8)	10,829	(13.6)	125	(23.6)	86.6	11,236	(11.4)	171	(23.3)	65.7	13,317	(10.9)	162	(24.9)	82.2	13,925	(11.0)	99	(24.4)	140.7
合計	62,945	(100.0)	79,845	(100.0)	529	(100.0)	150.9	98,279	(100.0)	733	(100.0)	134.1	122,110	(100.0)	651	(100.0)	187.6	127,304	(100.0)	405	(100.0)	314.3

出典：岡山県（1900：156-157、1911：240、1920：341-342、1928：322）、前田（2006：35-39）をもとに作成。

4. 児島郡の醤油醸造業

1920（大正9）年の児島郡の醤油生産数量500石以上の主要醸造業者・会社
をとりあげ、その概要を整理したものが表4-2である。

表4-2によると、1920年の児島郡の醤油生産数量500石以上の醤油醸造業
者は9人（社）で、そのうち合資会社形態をとった業者が3社あった。地域的
にみると、甲浦村3人、八濱村2人（社）、鉾立村、小串村、琴浦村、小田村
が各1人（社）という分布であり、生産規模からみると、鉾立村の近藤敬次郎
家が6,000石であり、2,000石から3,000石未満の醸造業者が3人（社）、1,000
石から2,000石未満のそれが3人、500石の醸造業者が2人（社）となってい
た。

児島郡の最大の醤油醸造業者であった鉾立村の近藤敬次郎家の醸造経営は、
固定資本が50,000円で、流動資本が200,000円となっており、工場内従業員
数は40名で、操業日数は350日であった。同家の1石当たり醤油価格は45
円83銭であり、他の醸造業者のそれよりも相対的に高い価格となっていた。

近藤家の醤油業は、廻船業で財をなし東児島の富裕な豪商であった宗本家の
中屋近藤家により1783（天明3）年に創業され、三郎右衛門保定の分家によっ

表4-2　児島郡の主要醤油醸造業者・会社：1920（大正9）年

	資本金			生産数量			工場内従業員数			操業日数
	公称（払込）	固定	流動	数量	価額	1石当たり価格	男	女	計	
	円	円	円	石	円	円	人	人	人	日
近藤敬次郎（鉾立村）		50,000	200,000	醤油 6,000	275,000	45.83	40		40	350
藤澤醤油製造場（甲浦村）		10,000	35,773	醤油 2,805	109,960	39.18	15		15	353
兒山醤油合資会社（小串村）	100,000（100,000）	28,719	71,381	醤油 2,258	57,891	25.64	7		7	358
藤原醤油合資会社（八濱町）	50,000（50,000）	21,084	32,236	醤油 2,088	61,788	29.59	8		8	320
家野醤油製造場（甲浦村）		8,703	41,600	醤油 1,885	37,000	19.63	10		10	350
藤原長次郎（八濱町）		1,000	28,000	醤油 1,034	40,800	39.46	4	1	5	320
井上醤油製造場（甲浦村）		5,000	1,500	醤油 1,000	25,000	25.00	5		5	350
尾崎醤油合資会社（琴浦町）	10,000（10,000）	10,000	10,000	醤油 500	22,000	44.00	7		7	300
津崎三次郎（小田村）		5,500	15,000	酢醤油 500	25,000	50.00	4	1	5	365

出典：岡山県児島郡役所（1923：256-260）をもとに作成。

て、その後、東近藤家に継承され、三郎二、敬次郎へと継承された（岡山県史編纂委員会、1985：491-492、児島郡教育会、1915、1977 復刻：566-570）。

　同家の醤油業は、その後、1934（昭和9）年合資会社近藤敬次郎商店（資本金200,000円）となり、1940年に赤マル醤油醸造株式会社（名古屋市、資本金180,000円）とその販売会社のアカマル商事株式会社（岡山市、資本金180,000円）となったが（赤マル醤油醸造株式会社（1965）『経歴書』の「会社の沿革」）、赤マル醤油醸造株式会社（1952）「昭和廿七年　保存書類」に所収された文書には、その沿革に関して、「弊社の前身は古く三百余年前の天明三年に創業され以来近隣の家内醸造業者を糾合して「備前醤油醸造組」を設立し、常に其の中核となり、醸法の研究、改良、販路の拡張等を率先指導し、「小豆島」「龍野」の産地と共に「備前醤油」の名声を京阪神に高からしめた」とあり、「大正、昭和年間に就いても、昭和十七年戦時体制強化により醤油の醸造、販売が統制される迄、弊醸赤マル醤油が京都地方に隠然たる販路を確保して居た事実、又最近統制が撤廃され自由販売となるや早速京都市へ販路が復活受入れられたる事実が、充分此の間の事情を証明して居る」と記している。

　また野崎武吉郎ら12名の県下の実業功労者の事蹟の聴取・奏聞について報じた1910（明治43）年の『岡山商工彙報』第43号、9-10頁には、醤油業功労者としての近藤敬次郎の事蹟の紹介があるので、それをつぎにみておくことにしよう。「古来備前醤油は其名高く従て嗜好者多く、販路の重なるものは京都地方にして、常に龍野醤油と市場に角逐せり。敬次郎此の競争に一籌を贏ち得んとし、醸造方法の改良に腐心し原料並に色味の研究をも怠ることなかりしかば、経営の効空しからず。遂に龍野醤油の根拠地とせる大阪地方を蚕食するに至る。敬次郎之を以て満足せず尚進んで販路を海外に求めんと欲し、或は見本を送り或は博覧会に出品し以て其発展を希図せり。而して其生産額も近時倍々増加の傾向を呈し、其販路亦従て拡張するに至らんとす。本県醤油聯合会の組織せらるゝや会長に挙げられ、其他博覧会、共進会の審査に従事し益々斯栄の研鑽を怠らず、斯の如く労功多大なり」と述べている。

　近藤敬次郎家の醤油醸造業のこのような事蹟の紹介からその発展があったことがうかがえるが、1924（大正13）年1月1日の『大阪酒醤油新聞』第

451号に掲載された「中国の醤油王赤丸醤油の機械設備　優に二万石を醸造し得るの大規模」という見出しの記事にはそれに照応する動きがみられたことが伝えられているので、それを紹介しておくことにしよう。「赤丸醸造場は百数十年前の創業に係はり、爾来終始一貫品質本位を以て邁進し十数年前醸造専用の自家上水道を布設し、此れと同時に一庫二千五百石を容るゝ石造タンク式諸味倉庫を建て斯界驚異の的となつた。最近鉄筋コンクリート式タンク諸味倉庫の流行を見る様になつたが、近藤氏が十数年前早くもタンク式の有利なるに着眼し巨費を投じて卒先石造或は木造のタンク式を採用した如き真に特筆大書すべき事柄」であり、また「曩に大増石の計を樹つ事と共に総ての操作を最新式の機械設備に改め、東京山崎鉄工所主任技師設計の下に其工を進めつゝあつたが、三年の日子を費ひして昨秋初めて此れが完成を告げた。新設工場は東より原料処理工場麹室、機関室圧搾場、火入製成工場、樽詰荷造工場の四棟よりなり、煮沸、洗浄、輸送、撹拌、圧搾火入等の諸作業悉く全部機械力によること、なり、十数台の圧搾器の整然として配列されあるなど、関西業界に於て稀に見るの偉観である」と記しており、第一次世界大戦後のこの頃に近藤家の醤油醸造業の機械化がみられたことを報じている。

　県下の最大の醤油産地であった児島郡は、前節の検討によると明治末期から大正期に停滞色を強めていくので、次節でそうした問題に言及する前に、ここで1925（大正14）年9月1日の『大阪酒醤油新聞』第560号に掲載された「備前醤油の今昔」という示唆的な記事をみておくことにしよう。その記事によると、「現状に直面し過去の事実に思ひ或る時に、余りに其変化の甚だしきに驚かざるを得ない」と記すとともに、「京都市場に於ては久しきに亘つて龍野醤油と相対立し、全需要過半は備前醤油によつて占められて居た」、「近藤氏の赤丸は曰ふまでもなく、丸菱、かね一、カク丸、一丸タ等々殆ど枚挙に遑あらざる程の製品が京都全市に亘つて其威を振ひ」、「此の状勢は欧州大戦末期頃まで続いたのであるが、例の大正九年に於ける財界のパニックを一期として、主要なる此等の商標は忽然として市場から掻き消へ去つた」、「独り近藤氏の赤丸醤油のみは、例の堅実一方の経営振と豊富なる資力と根強き地盤との為めに、依然として備前醤油の為めに万丈の気を吐いて居るが、此れとても友軍悉く

倒れたる今日、其商勢が所謂孤軍奮闘的苦戦であることは何人も認むる処であつて、此れあるが為めに備前醤油建在なりと云ふことは出来ない」と報じており、第一次世界大戦後の戦後恐慌が備前醤油の動向にも影響を及ぼしていたことが語られていた。

5. 大正後期以降の岡山県醤油業の動向

　大正後期の岡山県の醤油業の県外移出数量の販路別数値の得られる 1918（大正7）年、1923（大正12）年、1925（大正14）年の3つの年次を対象にして、その推移を整理して示したものが表4-3である。

　表4-3によると、岡山県の醤油業の県外移出数量は1918年から1925年にかけて減少傾向を示しており、それにつれて、その販路にも変容がみられたといえよう。1918年の岡山県の醤油業の主な販路は近畿地方であり、同県の県外移出量の82.9％を占めていた。なかでもその最大の市場は京都であり、同県の県外移出量の43.1％を占めており、それに大阪が27.8％、兵庫が8.6％、滋賀が3.4％をそれぞれ占め続いていた。同年の広島を中心とした中国地方向けの岡山県の醤油業の移出量は、同県の県外移出量の13.0％を占めており、香川、愛媛などの四国地方向けのそれは1.6％であった。

　しかし、このような岡山県醤油業の販路の構成は、1923年、1925年と変化した。京都や大阪向けの岡山県の醤油業の移出量の減少につれて、近畿地方向けの同県の醤油業の移出量が減少し、近畿地方向けの同県の県外移出量に占めるシェアの低下が進み、1925年には、近畿地方向けの同県の県外移出量に占めるシェアは68.1％に低下した。それに対して、広島、山口などの中国地方向けの岡山県の醤油業の移出量は増加し、1925年には、同県の醤油業の県外移出量の25.0％を占めており、そうした傾向は、香川県を中心とした四国地方向けや九州地方向けの同県の醤油業の移出量の推移にもみられた。

　1924年5月1日の『大阪酒醤油新聞』第472号に掲載された「岡山特信 醤油醸造業　県外移出は三万石」という見出しの記事には、こうした岡山県の醤油業の販路の変容に関する叙述がみられるので、それをつぎに紹介しておく

表 4-3　大正後期岡山県醤油業の県外移出市場の推移

		1918（大正7）年		1923（大正12）年		1925（大正14）年	
		石	%	石	%	石	%
近畿	京都	13,340	(43.1)	12,245	(41.4)	9,374	(35.4)
	大阪	8,619	(27.8)	5,556	(18.8)	4,187	(15.8)
	兵庫	2,662	(8.6)	1,879	(6.4)	2,822	(10.7)
	滋賀	1,042	(3.4)	1,029	(3.5)	1,572	(6.0)
	その他	4	(－)	62	(0.2)	52	(0.2)
	小計	25,667	(82.9)	20,771	(70.3)	18,007	(68.1)
中国	広島	3,557	(11.5)	5,957	(20.2)	5,629	(21.3)
	山口	116	(0.4)	414	(1.4)	607	(2.3)
	鳥取	355	(1.1)	436	(1.5)	371	(1.4)
	その他			97	(0.3)	8	(－)
	小計	4,028	(13.0)	6,904	(23.4)	6,615	(25.0)
四国	香川	151	(0.5)	403	(1.3)	754	(2.9)
	愛媛	201	(0.7)	211	(0.7)	90	(0.3)
	その他	131	(0.4)	108	(0.4)	61	(0.2)
	小計	483	(1.6)	722	(2.4)	905	(3.4)
九州	福岡	18	(0.1)	72	(0.2)	148	(0.6)
	長崎	76	(0.2)	135	(0.5)	110	(0.4)
	その他	38	(0.1)	99	(0.3)	399	(1.5)
	小計	132	(0.4)	306	(1.0)	657	(2.5)
関東	東京	511	(1.7)	235	(0.8)	152	(0.6)
	群馬・栃木			500	(1.7)		
	その他			2	(－)	3	(－)
	小計	511	(1.7)	737	(2.5)	155	(0.6)
	その他	131	(0.4)	113	(0.4)	113	(0.4)
	総計	30,952	(100.0)	29,553	(100.0)	26,452	(100.0)

出典：岡山県醤油工業協同組合（1987：32-35）、前田（2006：48、50-51）をもとに作成。

ことにしよう。「今本県に於ける一ヶ年間の産額を仮に十四万石と仮定するも、
県外移出は其の裡僅に三万石内外にしか当らぬ」とし、「移出先としては京都
市が大部分を占め、其他は大阪、兵庫と言ふ順序であるが、最近に至り輸送の
関係上漸次西へ伸び、広島、山口遠くは九州方面へも漸次伸びんとする傾向に
ある。而して兵庫地方は各地からドンドン輸送する関係上殆ど混戦状態にあ
り、頗る薄利を以て販売して居る関係より販売上頗る困難を感じ、それで居て
利益は漸次減少して居るのに反し、岡山以西は比較的販売競争もなく、今後に
於ける本県産醤油の販路として頗る有望であると言はれて居る。然し乍ら将来
兵阪地方を全々没却して真一文字に岡山以西に向つて進むと言ふ事は到底出来
ない事であり、当業者としても此の問題に対しては余程慎重な態度を以て考慮
し研究せねばならぬ事であると言はれて居る」と指摘している。

　明治中期から大正期の岡山県の醤油醸造業の生産動向には、既述のように県
下の郡市に即してみると少なからぬ変容がみられたが、そうした背景には、岡
山県醤油業の県外市場の動向にそれに照応するようなこうした変容がみられた
のである。このような岡山県醤油業の県外市場の変容の一端を物語る具体的事
例をつぎに紹介しておこう。1860（万延元）年に創業し、1918（大正7）年に
大國醤油株式会社と合同し、三宅次平を取締役社長として三宅醤油株式会社
（岡山県都窪郡中洲村酒津、資本金100,000円）を設立し、1950（昭和25）年
とら醤油株式会社と社名変更し、今日に至った戦前の三宅醤油株式会社の事例
をとりあげることにしよう。

　1920年代から1930年代の三宅醤油の販売数量の動向を示したものが図4-2
であり、1935（昭和10）年の同社の販売市場の地域分布を示したものが表4-
4である。図4-2によると、1920年代中葉以前の三宅醤油の販売数量は3,000
石未満であり、その後増加傾向をとるものの、1929年の大恐慌の際には落ち
込み、1931年の高橋財政の展開以降回復から拡大へと転じ、1930年代中葉の
販売数量は5,000石に達していた。

　大正後期の三宅醤油は、京阪神への醤油移出組合の備前醤油醸造組合員とし
て県外移出をしていたことが判明するが、1920（大正9）年以降その移出数量
は減少傾向を辿っており、1931年以降姿を消した（前田：2008：49-54）。そ

表 4-4　三宅醤油株式会社の醤油販
　　　　売の地域構成：1935（昭和
　　　　10）年

販売地域		販売数量	
		石	％
岡山県	都窪郡	1,176	(26.3)
	岡山市	826	(18.4)
	吉備郡	418	(9.3)
	津山市	320	(7.1)
	上房郡	273	(6.1)
	英田郡	214	(4.8)
	真庭郡	86	(1.9)
	児島郡	81	(1.8)
	久米郡	55	(1.2)
	阿哲郡	52	(1.2)
	川上郡	48	(1.1)
	赤磐・和気郡	35	(0.8)
	御津郡	34	(0.8)
	浅口郡	31	(0.7)
	小計	3,649	(81.5)
県外他	下関市	490	(11.0)
	山陰	316	(7.1)
	その他	20	(0.4)
	小計	826	(18.5)
	計	4,475	(100.0)

出典：「昭和十年販売石数地方別分布図」、
　　　とら醤油株式会社所蔵をもとに作成。

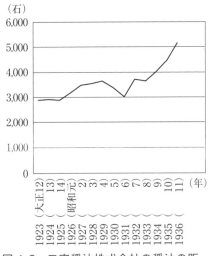

図 4-2　三宅醤油株式会社の醤油の販
　　　　売動向：1923（大正 12）年
　　　　-1936（昭和 11）年

出典：「毎月販売石数調査表」、とら醤油株
　　　式会社所蔵をもとに作成。

して、その後、1935（昭和10）年の三宅醤油の販路の地域分布は、表4-4の
ようになっていた。1935年の三宅醤油の販路の構成は、表4-4によると、販
売数量の81.5％が県内にあり、県外は18.5％であった。県内市場の主な販路
は、三宅醤油の所在地の都窪郡が販売数量の26.3％を占めており、同郡の北方
にあった吉備郡が9.3％、上房郡が6.1％であり、これらの3郡で三宅醤油の販
路の41.7％を占めていた。三宅醤油は、1927年10月に津山東店を、1928年3
月に岡山市内山下に岡山東店を設けていたから（「とら醤油津山東店業績　第
一号」、とら醤油株式会社所蔵、岡山市役所、1938：4759）、1935年の岡山市

への販売数量の同社の販売数量に占める比率は18.4％を占めており、津山市へのそれは7.1％、英田郡へのそれが4.8％となっていた。以上の県内の諸郡市で三宅醤油の販売数量の72.0％を占めていた。県外の主な販路は、山口県下関市で三宅醤油の販売数量の11.0％を占めており、山陰方面が7.1％であった。三宅醤油は、この時期には県内市場を中心にして県外の下関市や山陰方面に進出していたのである。

6.　お わ り に

　明治中期から大正期の岡山県の醤油醸造業の生産動向には、県下の郡市に即してみると変容があり、県下の醤油業の県外市場の動向にもそれに照応する変容がみられた。そうした事業環境の変容の中で県下の醤油業の直面する課題について、当時のメディアの報じていたところを最後にみておくことにしよう。

　1909年の『岡山商工彙報』第27号、8-9頁によると、「備前醤油の将来」について触れており、つぎのように論じている。「備前醤油が京阪地方で龍野醤油に圧倒されたのは、畢竟彼地の嗜好が変遷した結果に外ならぬので、此点は当業者の大に熟考を擁することである。然かし立派な歴史と特長とを有する備前醤油をして、徒らに他に模倣して鶩的製品を得ては夫れこそ大変であるが、要は備前醤油の特長を保存して需用者の嗜好に投ずる覚悟が大切である」と指摘し、さらに、「京阪地方の商人の意見を聞くと備前物の容器が不完全だと云ふ。（中略）備前物は一番樽二番樽とも使用し、洗ひ方の如きも小石を入れて水洗ひをなし而して詰めるに先き立ち洗ひ醤油を通してすぐ詰込む丈だから、品質を阻害することが少くない。且つ備前物は、例の四斗樽のみで輸出する為取まはしの不便なるは拠置き少需要者に供給する事が不便であるのみならず、動もすると問屋の為に他の醤油と混和されて折角の特長を没却されて仕舞ふ事がある」と述べている。そして、「凡そ生産の事業は、小規模の物が個々に分立するよりは大規模のものを経営するが遙に勝つて居る。殊に醸造業の如きは、器械工場の設備労力の使用上は勿論原料の購入信用の程度等に於て非常の径庭がある。若し出来得べくんば是等小醸造家相合同して、今少し大規模に

やつて貰ひたい」と述べている。

　1936 年の町田誠宏編集『日本酒類醤油大鑑』株式会社醸界新聞社、405-406
頁でも岡山県の醤油業界の課題に言及しており、「商品の質的傾向が時代嗜好
を没却してゐると云ふ事」、「業者の力が分散されてゐると云ふ事」、「業者の観
念が消極的であり時代を達観する明に乏しいと云ふ事」などを克服すべき点と
して指摘している。

　このようなさまざまな指摘は、これまでの県下の醤油業の具体的な検討をふ
まえると、示唆的な議論であるということも否定しえないのではなかろうか。

謝　辞

　本研究は、文部科学省の平成 29 年度 ― 令和元年度の「私立大学研究ブランディング事業」
による「「寄り添い型研究」による地域価値の向上」の助成を受け実施した。

文　献

赤マル醤油醸造株式会社（1952）「昭和廿七年　保存書類」、玉野市立図書館所蔵赤マル文書

赤マル醤油醸造株式会社（1965）『経歴書』、玉野市立図書館所蔵赤マル文書

『大阪酒醤油新聞』第 451 号（1924 年 1 月 1 日）、第 472 号（1924 年 5 月 1 日）、第 560 号（1925
　　年 9 月 1 日）、ケンショク食資料室（健康食品株式会社内）所蔵

岡山県（1900）『明治三十二年　岡山県統計書　巻之二　農商工之部』

岡山県（1911）『明治四十二年　岡山県統計書』

岡山県（1920）『大正七年　岡山県統計書』

岡山県（1928）『大正十五年・昭和元年　岡山県統計年報』

岡山県企画部統計課・岡山県統計協会（1970）『岡山県統計 100 年史』

岡山県児島郡役所（1923）『岡山県児島郡産業調査書』

岡山県史編纂委員会編（1985）『岡山県史　第七巻　近世 II』岡山県

岡山県醤油工業協同組合（1987）『昭和 61 年度政府指定事業　活路開拓ビジョン調査事業報告
　　書』

岡山市役所編（1938）『岡山市史　第六』

児島郡教育会（1915、1977 復刻）『岡山県児島郡誌』岡山県児島郡役所、株式会社文献出版

中山正太郎（1988）「醤油醸造家の経営収支 ― 明治後期の円尾家・東近藤家・土庄醤油会社の
　　場合 ―」『明石工業高等専門学校「研究紀要」』30、1-10

濱安薫馬編（1909）、『岡山商工彙報』岡山商工彙報社、27、1-9

濱安薫馬編（1910）、『岡山商工彙報』岡山商工彙報社、43、6-10

藤田彰典（1987）『京都の株仲間 ─ その実証的研究』株式会社同朋舎出版

前田昌義（2006）「近代における岡山県の醤油醸造業の地域的編成」『倉敷の歴史』16、31-54

前田昌義（2008）「大正中期～昭和初期における岡山県醤油醸造業の醤油移出入状況」『倉敷の歴史』18、39-56

前田昌義（2010）「児島醤油株式会社と岡山県の醤油醸造業」『倉敷の歴史』20、35-52

町田誠宏編（1936）『日本酒類醤油大鑑』株式会社醸界新聞社

（天野　雅敏）

第5章

岡山県における野生鳥獣被害とジビエ利活用
― 美作市を事例として ―

1. はじめに

　野生鳥獣による被害は、営農意欲の減退、耕作放棄や離農の増加、森林の食害といった農山村地域だけの問題ではなく、住宅地への侵入や車両との衝突事故といった都市近郊にまで被害が及んでいる。こうした野生鳥獣被害の深刻化や広域化に伴って、野生鳥獣被害対策[1]だけでなく、ジビエ利用拡大に向けた取組みが各地域で推進されている。被害防止活動による野生鳥獣の捕獲を地域資源として捉え、ジビエ利活用と地域振興を結び付けた取組みを行う地域も増えつつある。しかしながら、2019年における野生鳥獣の捕獲数[2]は、イノシシが64.0万頭、ニホンジカは60.3万頭に達しているものの、その大部分は埋設や焼却処分によって処理されている。

　先行研究を概観すると、赤星ら（2003）は、野生動物との心理的な距離感（主観的評価）を軸に、野生動物の保護管理に対する住民意識を明らかにしている。特に、野生動物を身近に感じている住民ほど、野生動物の駆除に肯定的であるとしている。また、岸岡ら（2010）では、野生動物の生息域からの地理的距離が近いほど駆除に肯定的な意識傾向があるとしている。また、片岡ら（2012）は、獣害対策に対する行政の実施体制を類型化するとともに、都道府県と市町村の関係性や役割について言及している。川辺（2016）は、大分県竹田市と豊後大野市の事例を基に、野生鳥獣害対策による捕獲や駆除された野生鳥獣のジビエ産業化について言及している。また、唐崎ら（2018）は、ジ

ビエの利活用を進めている市町村の類型化を行い、捕獲・移送・解体処理・販売までの各特徴を纏めている。伊藤（2018）は、ジビエの流通経路について取上げ、流通機能の大部分は食肉処理施設に集約化していることを指摘している。東口（2019）は、岡山県美作市と和歌山県古座川町を事例に、野生鳥獣の利活用と獣肉処理施設による供給体制について述べている。

　そこで、本章では、ジビエ利活用に重要な拠点となっている食肉処理施設（獣肉処理施設）の役割と、捕獲から販売までの仕組みを明らかにすることが目的である。研究対象は、農林水産省がジビエ利用モデル地区に定め、ジビエの利用拡大が進められている岡山県美作市である。

2. 岡山県における野生鳥獣被害と捕獲頭数

　岡山県における野生鳥獣の農林水産被害金額について、表5-1に示した。岡山県における野生鳥獣被害は、1980年代末から2000年代までは5億円ほどの被害があったものの、2010年代には4億円に低下し、近年では3億円以下にまで低下している。

　獣類に関しては、2000年代に3億円強の被害にまで増加するものの、現在では1億6,000万円強にまで減少している。各獣類の特徴については、「イノシシ」は2000年代に2億円強の被害金額であったものの、2019年では1億137万円にまで減少している。「シカ」は、2010年代に9,000万円弱をピークに減少し、2019年には3,446万円になっている。「サル」は、2010年代に3,000万円強の被害が確認されていたものの、1,812万円（2019年）まで低下している。「ヌートリア」は、1980年代に4,000万円強の被害がみられたものの、その後は急速に被害が減少していることがわかった。「その他」[3]では、7,265万円（1989年）から605万円（2019年）にまで激減している。

　鳥類における被害金額は、1980年代末に2億7,000万円強であったものの、近年までに1億円強まで減少している。各鳥類の特徴については、「カラス」による被害金額は9,945万円（1989年）から1,072万円（2019年）まで低下している。「その他」[4]においても、1億7,531万円（1989年）から5,671万円

表 5-1　岡山県における野生鳥獣の農林水産被害金額
(単位：万円)

		1989	1993	1998	2003	2008	2013	2015	2016	2017	2018	2019
獣類	イノシシ	6,912	17,025	21,889	24,047	13,974	14,690	12,760	9,310	10,650	12,442	10,137
	シカ	※	3,548	2,409	5,156	3,919	8,833	6,126	3,430	3,111	3,529	3,446
	サル	1,809	1,558	2,586	2,523	2,650	3,495	2,670	2,953	2,081	2,031	1,812
	ヌートリア	4,445	1,923	1,674	1,563	1,726	1,652	1,041	1,088	891	1,125	653
	その他**	7,266	6,362	3,902	2,860	1,099	649	556	420	252	454	605
	獣類計	20,432	30,416	32,460	36,149	23,368	29,319	23,153	17,201	16,985	19,581	16,653
鳥類	カラス	9,946	7,539	7,475	4,148	3,677	1,894	2,018	3,129	2,454	1,826	1,072
	カワウ	※	※	530	2,871	6,665	4,920	4,440	3,636	5,240	4,084	3,970
	その他***	17,531	10,434	9,273	4,846	4,031	3,350	3,936	4,185	4,265	4,823	5,671
	鳥類計	27,477	17,973	17,278	11,865	14,373	10,164	10,354	10,950	11,959	10,733	10,713
	鳥獣計	47,909	48,389	49,738	48,014	37,741	39,483	33,507	28,151	28,944	30,314	27,366

注：1) ※について、各時点での数値は、「その他」に含まれている。
　　2) **について、「ノウサギ」、「ハクビシン」が含まれる。
　　3) ***について、カモ類、サギ類が含まれる。
出所：岡山県 HP より筆者作成

表 5-2　岡山県における野営鳥獣捕獲頭数の推移
(単位：頭、羽)

		1989	1993	1998	2003	2008	2013	2015	2016	2017	2018	2019
イノシシ	狩猟	1,092	1,907	3,929	7,219	6,306	7,635	7,404	7,083	6,465	5,817	6,173
	許可	238	677	2,083	5,550	6,473	11,087	12,627	17,128	16,545	20,225	25,772
	合計	1,330	2,584	6,012	12,769	12,779	18,722	20,031	24,211	23,010	26,042	31,945
シカ	狩猟	121	162	239	759	1,796	3,312	3,332	1,766	2,295	1,661	1,941
	許可	13	60	179	655	1,612	6,702	11,467	10,243	9,602	9,875	11,885
	合計	134	222	418	1,414	3,408	10,014	14,799	12,009	11,897	11,536	13,826
サル	許可	71	84	76	93	123	184	190	308	379	355	458
ヌートリア	狩猟	1,481	986	553	795	663	297	429	552	679	394	283
	許可	1,801	1,359	1,224	1,539	1,943	2,568	2,043	1,979	3,153	2,085	2,539
	合計	3,282	2,345	1,777	2,334	2,606	2,865	2,472	2,531	3,832	2,479	2,822
カラス	狩猟	1,313	1,126	864	705	543	324	320	338	341	305	719
	許可	8,874	6,213	5,098	4,149	3,377	3,885	4,599	3,713	4,485	5,597	5,443
	合計	10,187	7,339	5,962	4,854	3,920	4,209	4,919	4,051	4,826	5,902	6,162
カワウ	狩猟	−	−	−	−	142	597	492	174	207	114	105
	許可	0	90	48	406	736	558	682	450	392	437	290
	合計	0	90	48	406	878	1,155	1,174	624	599	551	395

出所：岡山県 HP より筆者作成

（2019年）まで大幅に減少している。一方で、「カワウ」の被害は2008年に6、665万円をピークに減少傾向がみられ、3,970万円（2019年）となった。

　岡山県の野生鳥獣捕獲頭数について、表5-2に示した。岡山県において、獣類では、「イノシシ」「シカ」「サル」「ヌートリア」が主に捕獲されている。それぞれの捕獲頭数をみると、「イノシシ」では1989年には1,330頭であったものの、1998年には6,012頭に、2000年代では1万2,000頭にまで増加している。さらに、2010年代以降も捕獲頭数は増え続け、2019年には3万1,945頭になっている。捕獲区分について、2000年代以降、狩猟は6,000～7,000頭の水準を継続しており、許可捕獲は急速に増加している。特に、2000年代後半には、許可捕獲が狩猟を上回り、2019年では捕獲頭数の8割を占めるようになっている。「シカ」は、2000年代から捕獲が増え、2010年代以降では捕獲頭数が1万頭を超えるに至っている。そして、2019年では、許可捕獲が捕獲全体の8割5分を占めている。「サル」は、2000年代から捕獲数が微増し、2019年は458頭が捕獲されている。「ヌートリア」は、1990年代末に1,777頭まで低下したものの、2000年代以降は2,500頭前後の捕獲が続き、2019年には2,822頭であった。

　鳥類では、「カラス」と「カワウ」の捕獲が多くみられる。「カラス」は、1980年代から捕獲頭数が多く、1万羽以上が捕獲されていたものの、2000年代以降では5,000羽を下回っていた。しかし、2018年以降、捕獲頭数が増え、2019年には6,162羽まで微増している。なお、狩猟による捕獲は少なく、許可捕獲が大部分を占めている。「カワウ」は、2010年代前半に1,000羽強の捕獲をピークに、近年まで減少傾向がみられている。

　これらのことから、岡山県における野生鳥獣捕獲の種類として、1990年代は「カラス」「ヌートリア」「イノシシ」が多くみられた。2000年代以降になると、急速に「イノシシ」と「シカ」が捕獲されていることが確認された。また、岡山県内の「イノシシ」と「シカ」の生息地域の特徴として、岡山県（2017a）では、イノシシの生息は県内全体に拡大していると指摘されている。また、岡山県（2017b）では、シカの生息は美作県民局管内や備前県民局管内の県東部地域が中心であり、兵庫県との県境に生息密度の高い地域が存在する

としている。

3. 調査対象地の概要

　岡山県美作市は、岡山県北東部に位置し、人口減少と高齢化が顕著な地域である。2020年8月末現在、人口は27,040人であり、高齢化率が41.3%[5]となっている。土地利用は、主に山林（54.2%）、田（7.1%）、畑（2.7%）が占めている。

　野生鳥獣被害については、2010年代からニホンジカの捕獲頭数が急増し、農林業では2,000万円を上回る被害が発生している。近年では、野生鳥獣の積極的な捕獲と農地への侵入防止柵の設置により、捕獲頭数は減少傾向となっている。こうした野生鳥獣の対策を背景に、美作市の獣肉処理施設「～自然の恵み～地美恵の郷みまさか」（以下、「地美恵の郷みまさか」と記載）は、2012年に着工し、2013年から獣肉処理を開始している。

　「地美恵の郷みまさか」の整備目的として、①狩猟者の負担軽減、②新たな地域資源の確保と雇用創出による好循環、この2つが挙げられている。狩猟者の負担軽減に関して、従来は狩猟者が捕獲した野生鳥獣を自己処理（食用、埋設、焼却など）していたものの、捕獲頭数の増加や狩猟者の高齢化による負担軽減を解決することが急務であった。また、捕獲した野生鳥獣を食肉として活用することで、新たな地域資源を生み出し、さらに雇用創出に繋げるためでもある。

　「地美恵の郷みまさか」は、2018年4月からは指定管理者（D社）が運営管理を3年間委託することになった。1年間の計画処理数は、ニホンジカ600頭、イノシシ400頭である。施設の職員は、施設長（1名）、処理責任者（2名）、作業員（3名）の計6名である。

　さらに、農林水産省が岡山県美作地区[6]をジビエ利用モデル地区として認定し、ジビエの利用拡大に向けた新しい取組みが行われている。真庭市は移動式解体処理車（ジビエカー）[7]を導入し、隣接する奈義町とも協力することで、各市町村が速やかに捕獲個体を「地美恵の郷みまさか」に搬送することによっ

て、地区全体で処理頭数を増やすことを図っている。加えて、「地美恵の郷み
まさか」では、ドッグフード加工の大規模拠点化を進めている。

　美作市におけるイノシシとニホンジカの捕獲頭数の推移は、図5-1のとお
りである。イノシシの捕獲頭数は、2006年に541頭であった。しかしなが
ら、2010年には1,417頭まで増加し、2014年には1,497頭が捕獲されている。
近年でも、1,000頭を超える捕獲頭数が確認できる。ニホンジカは、2006年
に781頭であったものの、2010年には2,114頭にまで増加している。さらに、
2011年以降では捕獲頭数が急増し、2015年に5,855頭をピークとして、2017
年は4,441頭が捕獲されている。

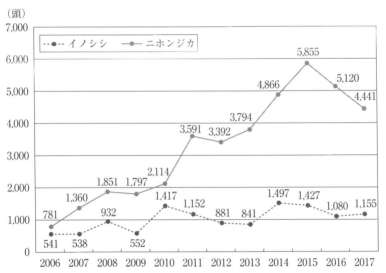

図5-1　美作市におけるイノシシとニホンジカの捕獲頭数の推移

出所：美作市提供資料より筆者作成

4. 美作市におけるジビエ利活用の取組み

本項では、ジビエの流通経路を基に、美作市におけるジビエ利活用の取組み
を検討する。なお、ジビエの流通経路は、図5-2のとおりである。一般的なジ
ビエの流通経路は、イノシシやニホンジカが捕獲されると、食肉処理施設（獣
肉処理施設）で解体・処理され、卸売業者や物流業者を経て、加工業者・小売
業者・外食業者に渡り、最終消費者に届くようになっている。もしくは、卸売
業者や物流業者を介さず、加工業者・小売業者・外食業者と取引を行い、最終
消費者に至ることもある。

捕獲（現場）をみると、美作市では、猟友会が中心となって捕獲・駆除が行
われている。美作市における猟友会組織図は、図5-3に示した。美作市の猟友
会メンバーは、264名である。各メンバーは、勝田分会（43名）、大原分会（48
名）、東粟倉分会（13名）、美作分会（66名）、作東分会（69名）、英田分会（25

図5-2　ジビエの流通経路

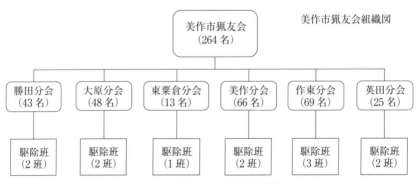

図5-3　美作市の猟友会組織図
出所：美作市提供資料より筆者作成

許可区分	許可権限者	4月	5月	6月	7月	8月	9月	10月	11月	12月	1月	2月	3月
狩猟	岡山県知事								狩猟期間 11 月 15 日から 2 月 15 日 ※イノシシ・ニホンジカは、3 月 15 日まで				
有害駆除	美作市長	有害駆除許可 (イノシシ・ニホンジカ等) 【3 カ月間許可】			有害駆除許可 (イノシシ・ニホンジカ等) 【3 カ月間許可】			有害駆除許可 (イノシシ・ニホンジカ等)					有害駆除許可
捕獲奨励金支払	国、県からの捕獲奨励金は、美作市合計を通して、猟友会駆除班に支払われる。	県奨励金、国庫奨励金支払 (11/15～3/31分)	支払 (4～6 月分)		支払 (7～9 月分)			支払 (10～11 月 14 日分)					

図 5-4　美作市における狩猟と有害駆除

出所：美作市提供資料より筆者作成

名）に属し、各分会は 1 〜 3 班の駆除班に分かれている。

　美作市における狩猟と有害駆除に関して、図 5-4 のとおりである。狩猟について、許可権限者は岡山県知事であり、狩猟期間は 11 月 15 日〜翌年 2 月 15 日までとなっている。イノシシ・ニホンジカに限っては、3 月 15 日まで延長されている。有害駆除では、許可権限者は美作市長である。有害駆除について、有害駆除許可は有害駆除期間（4 月 1 日〜 11 月 14 日、3 月 16 日〜 3 月 31 日）に与えられる。1 年間を通して、狩猟または有害駆除ができるように設定されている。

　捕獲奨励金支払について、国や県からの捕獲奨励金は、美作市会計を通じて、猟友会駆除班に支払われる。捕獲奨励金は、5 月（前年 11 月 15 日〜 3 月 31 日分）、7 月（4 月〜 6 月分）、10 月（7 月〜 9 月分）、12 月（10 月〜 11 月 14 日分）の年 4 回に分けて支払われている。

　また、捕獲奨励金については、表 5-3 に示した。捕獲奨励金は、有害駆除期間と狩猟期間で異なっている。イノシシ（成獣：ジビエ利活用[8]）の場合をみると、有害駆除期間では美作市（5,000 円）、国（9,000 円）、岡山県（4,000 円）を加算した 18,000 円が捕獲奨励金となる 。狩猟期間では、美作市と岡山

表 5-3　美作市における野生鳥獣捕獲報奨金

奨励金支払区分	区分		有害駆除期間 (4月1日～11月14日、3月16日～3月31日)					狩猟期間 11月15日～2月15日 (イノシシ、ニホンジカは、3月15日まで)		
			イノシシ	ニホンジカ	ニホンザル	ヌートリア アナグマ	カワウサギ	イノシシ	ニホンジカ	ニホンザル
美作市	通年		5,000 円	12,000 円	14,000 円	1,000 円	1,000 円	－	10,000 円	14,000 円
国 (上限額)	成獣	通常 (自家消費・埋設)	7,000 円		8,000 円	－	－	7,000 円		8,000 円
		ビジエ利活用 (獣肉処理施設へ搬入)	9,000 円			－	－	9,000 円		
	幼獣 (その他)		1,000 円 (ヌートリア、アナグマは、その他の獣類とする。)					1,000 円		
岡山県 (上限額)	イノシシは、3月16日～11月14日までが対象である。		4,000 円			－	－	4,000 円		

出所：美作市提供資料より筆者作成

県の捕獲奨励金はなく、国（9,000 円）の捕獲奨励金のみが支払われる。

　ニホンジカ（成獣：ジビエ利活用）の場合、有害駆除期間では美作市（12,000 円）、国（9,000 円）、岡山県（4,000 円）を加算した 25,000 円が捕獲奨励金である。狩猟期間では、美作市（10,000 円）、国（9,000 円）、岡山県（4,000 円）を加算した 23,000 円である。

　こうしたことから、美作市では、有害駆除期間の方が、狩猟期間よりも捕獲奨励金が高く設定されている。また、ニホンジカの捕獲奨励金は、イノシシよりも高額になっていることがみてとれる。加えて、イノシシの捕獲奨励金をみると、有害駆除期間に比べて、狩猟期間は半額となっている。

　そこで、狩猟期間におけるイノシシの搬入を促進させるため、「地美恵の郷みまさか」では、狩猟期間にイノシシの買取りを実施している。2018 年度における買取りに関して、11 月 15 日～ 12 月 31 日であれば、雌雄に関係なく、買取り単価は個体の品質によって決定している。買取り単価は、①肉やけ（100 円／ kg：上限 10,000 円）、②固体重（80kg 以上＝ 10,000 円）、③良個体（150 円／ kg、200 円 /kg、250 円 /kg、300 円 /kg）となっている。

　判断基準は、ロースの脂肪厚、被弾・銃弾貫通状況、打ち身の有無、肉やけの有無の４つである。単価は、解体従事者のほか、複数の施設職員によって、解体処理後に決定する。しかし、雄の場合のみ、1 月 1 日～ 3 月 15 日の買取り単価は、捕獲個体の品質に関係なく、一律で１頭当たり 5,000 円となってい

る。なお、捕獲奨励金の交付を受ける
には、①有害鳥獣捕獲報告書、②捕獲
個体の一部[9]、これら2つを提出する
必要がある。

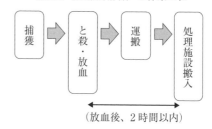

捕獲者（狩猟資格者）の作業工程

捕獲 ⇒ と殺・放血 ⇒ 運搬 ⇒ 処理施設搬入

（放血後、2時間以内）

図5-5　捕獲者の作業工程図
出所：ヒアリング調査より筆者作成

　捕獲者の作業工程図については、図
5-5のとおりである。獣肉処理施設に
搬入する捕獲者は、と殺・放血後2時
間以内に獣肉処理施設へ搬入する。搬
入時間は、午前（午前8時から正午ま
で）のみ対応し、搬入する際には事前に電話連絡をする必要がある 。

5.「地美恵の郷みまさか」の搬入と作業工程

　ここでは、美作市の獣肉処理施設「地美恵の郷みまさか」の作業工程と搬入
基準について説明する。美作市獣肉処理施設について、イノシシ・ニホンジカ
を食肉として処理するためのガイドラインは、野生鳥獣肉の衛生管理に関する
指針（ガイドライン）（食安発1114第1号；平成26年11月14日）[10] と岡山
県野生鳥獣食肉衛生管理ガイドライン（イノシシ・ニホンジカ）（平成28年3
月）[11] に基づいて定められている。野生のイノシシやニホンジカを食肉とする
場合、捕獲段階から厳格な基準が適用され、処理施設まで運搬しなければなら
ない。さらに、処理施設においても、衛生的に処理を行い、安全・安心に配慮
することが必要となる。

　「地美恵の郷みまさか」への搬入基準は、表5-4に示した。搬入基準として、
下記の9つのいずれかに該当すれば、受入れはできないことになっている。各
項目については、①捕獲者による捕獲・止め刺し以外ですでに死亡している個
体、死亡原因が不明の個体、②銃による捕獲で腹部に被弾した個体、③散弾で
狙撃された個体、④わなにより捕獲された個体のうち、転倒や打ち身などによ
る全身の損傷が著しい個体、⑤外見上、異常が認められる個体、⑥野生鳥獣に
人畜共通の重大な感染症が確認されている場合に、当該地域で捕獲した個体、

表 5-4　美作市獣肉処理施設の搬入基準

搬入基準（下記に該当する個体は、搬入不可）
① 捕獲者による捕獲・止め刺し以外で既に死亡している個体、死亡原因が不明の個体
② 銃による捕獲で腹部に被弾した個体 　消化管の内容物が腹腔内に漏れ出し、食中毒菌等により食肉が汚染される可能性が高くなるとともに、臭いが付着して食肉の品質が損なわれる。
③ 散弾で狙撃された個体 　肉に潜った散弾は、食肉処理後も発見されず、異物として残る可能性があり、また臭いが付着して食肉の品質が損なわれる。
④ わなにより捕獲された個体のうち、転倒や打ち身などによる全身の損傷が著しい個体 　後肢に、くくりわなが掛かった個体
⑤ 外見上、次のような異常が認められる個体 　人や家畜に重大な健康被害を与える細菌やウイルス等の病気に感染している恐れがあること 　・顔面その他に異常な形（奇形）を有するもの 　・脱毛が著しいもの 　・ダニ類等の外部寄生虫の寄生が著しいもの 　・著しく痩せているもの 　・大きな外傷や皮下にうみを含むできもの（膿瘍）が多く見られるなど、化膿部分が見られるもの 　・口腔、口唇、舌、乳房、ひづめ等に水ぶくれ（水痘）やただれ（びらん、潰瘍）等が多く見られるもの 　・下痢により、尻周辺が著しく汚れているもの 　・全身まひ等の神経症状を呈しているもの 　・異常な鼻水やよだれ、せきこみが著しいもの 　・肢をハの字に開いて歩く、又は足取りがおぼつかないもの 　・その他、外見上明らかな異常が見られるもの
⑥ 野生鳥獣に人畜共通の重大な感染症が確認されている場合に、当該地域で捕獲した個体
⑦ 捕獲時期、捕獲場所、処理施設までの運搬時間、運搬中の冷却状況等から、処理施設への搬入までに品質が低下し、食肉に適さないと判断される個体
⑧ 処理の過程で、消化管や膀胱を傷つけ、肉に広範囲に消化管の内容物や尿が付着した個体 　病原菌等により、汚染される可能性が高くなるとともに、臭いが付着して食肉の品質が損なわれる。
⑨ イノシシは20kg未満、シカは25kg未満の個体

出所：美作市獣肉処理施設への搬入基準（2018）より筆者作成

⑦捕獲時期、捕獲場所、処理施設までの運搬時間、運搬中の冷却状況などから、処理施設への搬入までに品質が低下し、食肉に適さないと判断される個体、⑧処理の過程で、消化管や膀胱を傷つけ、肉に広範囲に消化管の内容物や尿が付着した個体、⑨イノシシは20kg未満、ニホンジカは25kg未満の個体、これらが挙げられている。また、捕獲者は、と殺と放血を行い、放血後2時間以内に処理施設へ搬入することになっている。

　「地美恵の郷みまさか」の作業工程については、図5-6と図5-7のとおりである。「地美恵の郷みまさか」では、美作市の搬入基準を基に個体の受入れの可否を判断している。施設従業員は、搬入された個体ごとに異常の有無、捕獲

獣肉処理施設の作業行程

図5-6　獣肉処理施設の作業工程図
出所：ヒアリング調査より筆者作成

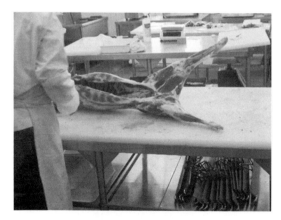

図5-7　解体作業の様子
（2018年12月：筆者撮影）

時の状況から食肉利用に適しているかを確認する。受入れ後、個体は解体前処理として外部洗浄が行われ、ダニやノミなどの外部寄生虫を排除する。さらに、食道と肛門を結紮し、剥皮と内臓摘出を行う。摘出した内臓全体について、施設従業員は異常の有無を確認し、熟成庫（冷蔵）で数日ほど熟成させ、解体・処理を行う。そして、真空パック包装で急速冷凍され、金属探知機で金属混入の有無を確認し、冷凍保管をする。

　美作市における獣肉処理施設搬入数を示したのが、表5-5である。「地美恵の郷みまさか」の業務が開始された2013年では、イノシシの搬入数は229頭（27.2％）[12] であり、2017年は181頭（15.6％）となっている。ニホンジカをみると、2013年の搬入数は1,088頭（28.7％）であったが、2017年は1,047頭（23.6％）になっている。なお、大部分の捕獲個体は、ジビエ利用（獣肉処理施設への搬入）が行われずに、自家消費や埋設となっている[13]。また、捕獲頭数が2015年をピークに低下していることを鑑みても、イノシシとニホンジカの搬入数割合は低下傾向にあることがみてとれる。

表 5-5　美作市における獣肉処理施設搬入数

年度	捕獲獣類	内訳	合計	4月	5月	6月	7月	8月	9月	10月	11月	12月	1月	2月	3月
2013年	イノシシ	捕獲頭数（美作市内）	841	72	32	58	135	214	127	80	70	不明	不明	不明	53
		獣肉処理施設搬入数	229	–	–	33	28	48	19	19	20	13	13	22	14
	ニホンジカ	捕獲頭数（美作市内）	3,794	215	202	180	181	128	227	374	441	491	453	444	458
		獣肉処理施設搬入数	1,088	–	–	69	61	43	96	156	196	125	134	107	101
2014年	イノシシ	捕獲頭数（美作市内）	1,497	96	48	32	78	122	133	126	254	199	152	134	123
		獣肉処理施設搬入数	214	18	11	13	15	14	20	24	32	13	22	13	19
	ニホンジカ	捕獲頭数（美作市内）	4,868	270	250	218	184	201	346	490	507	611	613	596	582
		獣肉処理施設搬入数	1,372	77	83	70	65	59	126	156	188	125	142	152	129
2015年	イノシシ	捕獲頭数（美作市内）	1,427	51	44	35	74	146	121	126	193	213	175	134	115
		獣肉処理施設搬入数	170	8	13	7	20	23	17	18	13	13	11	15	12
	ニホンジカ	捕獲頭数（美作市内）	5,855	360	267	335	290	307	483	693	588	823	692	443	574
		獣肉処理施設搬入数	1,513	93	84	125	98	96	145	214	153	151	138	96	120
2016年	イノシシ	捕獲頭数（美作市内）	1,080	46	36	41	48	153	94	100	183	135	76	72	96
		獣肉処理施設搬入数	120	6	3	11	7	12	14	10	31	9	2	8	7
	ニホンジカ	捕獲頭数（美作市内）	5,120	350	365	279	307	310	315	499	518	594	490	515	578
		獣肉処理施設搬入数	1,099	69	70	65	64	78	66	125	131	118	99	105	109
2017年	イノシシ	捕獲頭数（美作市内）	1,155	36	26	36	60	137	171	77	185	133	99	106	89
		獣肉処理施設搬入数	181	8	8	12	14	18	30	15	16	17	11	18	14
	ニホンジカ	捕獲頭数（美作市内）	4,442	330	297	404	247	245	383	395	484	509	438	339	371
		獣肉処理施設搬入数	1,047	86	67	95	60	61	102	107	125	108	79	82	75

出所：美作市提供資料より筆者作成

　しかしながら、獣害駆除期間と狩猟期間では、獣肉処理施設への搬入される割合が異なっている。特に、イノシシでは、獣害駆除期間の獣肉処理施設への搬入数割合は維持されているものの、狩猟時期は獣肉処理施設への搬入が著しく低下していることがみてとれる。捕獲されたイノシシやニホンジカは、1年を通して、自家消費や埋設による廃棄処分が大部分を占めており、獣肉処理施設への搬入は未だ低い水準となっている 。したがって、捕獲個体の大部分は、食肉利用にされておらず、ジビエ利活用への余地が残されていることが示唆される。

6.「地美恵の郷みまさか」の流通と販売経路

　獣肉処理施設は、捕獲された個体を解体・処理するだけではなく、流通の役割も担っている[14]。そこで、「地美恵の郷みまさか」の販売経路を示したのが、図5-8である。2017年度における「地美恵の郷みまさか」の食肉販売量は、9,000kg弱（イノシシとニホンジカの合算値）であった。

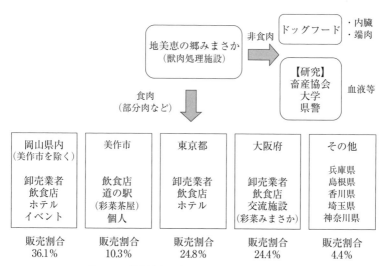

図 5-8　「地美恵の郷みまさか」の販売経路
出所：美作市提供資料およびヒアリング調査より筆者作成

　「地美恵の郷みまさか」において、食肉（部分肉など）の販売は、岡山県（美作市を除く）：36.1％、美作市：10.3％、東京都：24.8％、大阪府：24.4％、その他[15]：4.4％となっている。主に、卸売業者[16]、飲食店、ホテル、道の駅が販売先となっている。食肉以外では、内臓や端肉などはドッグフードに加工されている[17]。血液は、畜産協会、大学、県警で、実態調査や研究に用いられている。

　これらのことから、東京都と大阪府の大都市圏が、販売量の半分弱（49.2％）を占めている。大都市圏では、卸売業者を介して、レストランなどの飲食店で美作産ジビエが提供されている。したがって、ジビエの安全性と流通の透明性を確保し、良質な食肉を確保・提供するためにも、今後は国産ジビエ認証[18]の取得が必要になってくることが推察される。

　一方で、美作市を含む岡山県内での販売も 46.4％に達していることが確認された。岡山県内では、缶詰に利用されるケースが多く、大きな販売先になっている。さらに、現在では、販売先の拡大に向けた取組みとして、ドッグフードの販路を確保しつつ、2018 年から指定管理者（D 社）が持つ店舗網[19]での販売やコロッケなどの加工食品の製造も随時行っていくとしている。

7. ま と め

　本章では、農林水産省がジビエ利用モデル地区に定め、ジビエの利用拡大が進められている岡山県美作市を対象として、ジビエ利活用に重要な拠点となっている獣肉処理施設の役割と、捕獲から販売までの仕組みを明らかにした。得られた知見は、以下のとおりである。

　美作市では、猟友会が中心となって捕獲・駆除が行われている。美作市における猟友会は 264 名で、6 つの分会（勝田、大原、東粟倉、美作、作東、英田）から構成され、各分会は 1 ～ 3 班の駆除班に分かれている。

　狩猟と有害駆除について、狩猟の許可権限者は岡山県知事であり、狩猟期間は 11 月 15 日～翌年 2 月 15 日までとなっている。イノシシ・ニホンジカに限っては、3 月 15 日まで延長されている。有害駆除の許可権限者は美作市長であ

り、有害駆除期間（4月1日〜11月14日、3月16日〜3月31日）が設定されている。こうしたことから、1年間を通して、狩猟または有害駆除ができるように設定されている。

美作市における捕獲奨励金は、有害駆除期間と狩猟期間で異なっている。イノシシ（成獣：ジビエ利活用）をみると、有害駆除期間では18,000円、狩猟期間では9,000円の捕獲奨励金が支払われる。イノシシの捕獲奨励金は、狩猟期間は有害駆除期間よりも著しく低い。ニホンジカ（成獣：ジビエ利活用）をみると、有害駆除期間では25,000円、狩猟期間は23,000円が捕獲奨励金であり、有害駆除期間は狩猟期間よりも捕獲奨励金が高く設定されている。また、ニホンジカの捕獲奨励金は、イノシシよりも高額になっている。

狩猟期間におけるイノシシ搬入の促進を目的として、「地美恵の郷みまさか」では、狩猟期間にイノシシの買取りを実施している。11月15日から12月末日までの買取り単価は、雌雄に関係なく、個体の品質によって決定される。判断基準は、ロースの脂肪厚、被弾・銃弾貫通状況、打ち身の有無、肉やけの有無の4つである。買取り単価は、解体従事者のほか、複数の施設職員が、解体処理後に判断基準を基に決定している。しかしながら、雄の場合のみ、1月1日〜3月15日の買取り単価は、品質が反映されず、一律の価格設定となっている。

美作市の獣肉処理施設「地美恵の郷みまさか」では、捕獲段階から厳格な基準が適用され、処理施設まで運搬することになっている。捕獲者は、と殺と放血を行い、放血後2時間以内に処理施設へ搬入しなければならない。また、美作市では9つの搬入基準を設け、何れかに該当すれば、受入れはできない。作業工程としては、施設従業員が搬入基準を基に、搬入された個体ごとに異常の有無、捕獲時の状況から受入れの可否を判断している。

獣肉処理施設への搬入数は、獣害駆除期間と狩猟期間で搬入される割合が異なっているものの、搬入数は未だ低い水準である。イノシシの場合、狩猟時期では獣肉処理施設への搬入が著しく低下している。したがって、捕獲されたイノシシやニホンジカは、自家消費や埋設による廃棄処分が大部分を占めており、ジビエ利活用への余地が大いに残されている。

　「地美恵の郷みまさか」は、捕獲された個体を解体・処理するだけではなく、流通機能も集約化していることが窺える。食肉の主な販売先は、岡山県内、東京都、大阪府となっている。大都市圏（東京都、大阪府）では、食肉販売量の半分を占めており、卸売業者を介して、レストランなどの飲食店で提供されている。一方で、美作市を含む岡山県内での販売も４割強に達していることがわかった。岡山県内も、缶詰利用の取引も多く、大きな販売先になっている。食肉以外では、内臓や端肉などはドッグフードに加工され、血液は実態調査や研究に用いられている。

付　記

　本章の内容は、渡邉（2019）と渡邉（2020）を基に、加筆修正したものである。しかし、現地で得られた調査データや統計資料は更新せずに、そのまま採用している。なお、本稿は、文部科学省平成 29 年度私立大学研究ブランディング【「寄り添い型研究」による地域価値の向上】の助成を受けた成果の一部である。

文　献

赤星心・坂田宏志・田中哲夫（2003）「野生動物との「距離感」が異なる住民の野生動物保護管理に関する意識の比較」『人と自然』14、69-76

伊藤匡美（2018）「ジビエ流通の現状と課題」『ジビエ！　野生の恵み：自然と食文化の調和を目指して』日本食肉消費総合センター、16-26

岡山県（2017a）「イノシシ管理計画書」
　（http://www.pref.okayama.jp/uploaded/life/578209_4722631_misc.pdf）
　最終閲覧日：2020 年 9 月 28 日

岡山県（2017b）「ニホンジカ管理計画書」
　（http://www.pref.okayama.jp/uploaded/life/578211_4722642_misc.pdf）
　最終閲覧日：2020 年 9 月 28 日

唐崎卓也・成岡道男・芦田敏文（2018）「鳥獣害対策を通じたジビエ利用の課題と展望」『水土の知』農業農村工学会誌、86（5）、403-406

川辺亮（2016）「野生鳥獣（ジビエ）の６次産業化によるバリューチェーン形成に関する研究」『日本フードサービス学会年報』21、64-78

岸岡智也・橋本禅・星野敏・九鬼康彰（2010）「野生動物の有害駆除に関する住民意識の空間分布 ― 滋賀県長浜市における野生鳥獣被害対策を事例に ―」『環境情報科学論文集』24、77-82

岸岡智也・橋本禅・星野敏・九鬼康彰（2012）「獣害対策における都道府県の実施体制と市町村との関係 ― 近畿地方における野生鳥獣被害対策を事例に ―」『農村計画学会誌』31、339-344

東口阿希子（2019）「野生獣肉の広域供給体制構築上の課題 ― ジビエを食する文化の醸成を目指して」『味の素食の文化センター研究成果報告書』

（https://www.syokubunka.or.jp/research/pdf/17008.pdf）最終閲覧日：2020 年 9 月 24 日

渡邉憲二（2019）「岡山県における鳥獣被害の現状と課題」『岡山商大論叢』55（2）、133-149

渡邉憲二（2020）「岡山県におけるジビエ利活用に関する一考察」『岡山商大論叢』55（3）、119-134

参考ウェブサイト

岡山県／農林水産部／鳥獣害対策室／鳥獣による農林水産被害状況等

（https://www.pref.okayama.jp/uploaded/life/681196_6013502_misc.pdf）

最終閲覧日：2020 年 9 月 25 日

岡山県 HP ／岡山県野生鳥獣食肉衛生管理ガイドライン（第 2 版）

（https://www.pref.okayama.jp/uploaded/life/530517_4117335_misc.pdf）

最終閲覧日：2020 年 9 月 24 日

環境省 HP ／捕獲数及び被害等の状況等／ニホンジカ・イノシシ捕獲数速報値（令和元年度）

（https://www.env.go.jp/nature/choju/docs/docs4/sokuhou.pdf）

最終閲覧日：2020 年 9 月 28 日

厚生労働省 HP ／野生鳥獣肉の衛生管理に関する指針（ガイドライン）

（https://www.mhlw.go.jp/file/06-Seisakujouhou-11130500-Shokuhinanzenbu/0000065509.pdf）最終閲覧日：2020 年 9 月 24 日

農林水産省 HP ／国産ジビエ認証制度

（https://www.maff.go.jp/j/nousin/gibier/attach/pdf/ninsyou-45.pdf）

最終閲覧日：2020 年 9 月 28 日

美作市 HP ／美作市獣肉処理施設への搬入基準、2018 年 3 月

（http://www.city.mimasaka.lg.jp/ikkrwebBrowse/material/files/group/154/2018_mimasaka_guideline.pdf）最終閲覧日：2020 年 9 月 28 日

注

1)　野生鳥獣被害対策として、農林水産省は、①個体群管理（捕獲）、②侵入防止対策（侵入防止柵の設置）、③生息環境管理（放任果樹の伐採、刈払いによる餌場や隠れ場の撲滅）の 3 つを挙げている。

2)　「イノシシ」と「ニホンジカ」の捕獲頭数について、環境省 HP を参照。（https://www.

env.go.jp/nature/choju/docs/docs4/sokuhou.pdf）

3) 岡山県における獣類の「その他」は、「ノウサギ」や「ハクビシン」である。

4) 岡山県における鳥類の「その他」は、カモ類やサギ類である。

5) 美作市における高齢化率は、2019 年 10 月 1 日時点での数値である。

6) ジビエ利用モデル地区として認定された岡山県美作地区とは、美作市・奈義町・真庭市の3 市町村である。

7) ジビエカーは、捕獲現場近くまで移動ができ、車内で解体（内臓摘出やはく皮なども含む）が行える特殊車両である。

8) ジビエ利活用に該当するには、捕獲された個体を獣肉処理施設に搬入し、食肉処理される必要がある。

9) 美作市では、捕獲奨励金を受け取るために、捕獲個体の一部を提出しなければならない。ニホンジカの場合、しっぽ・両耳・下あご前歯 2 本の 3 カ所が必要であり、イノシシ（ヌートリア・アナグマも同様）は 2 カ所（しっぽ・両耳）となっている。

10) 野生鳥獣肉の衛生管理に関する指針について、厚生労働省 HP を参照。（https://www.mhlw.go.jp/file/06-Seisakujouhou-11130500-Shokuhinanzenbu/0000065509.pdf）

11) 岡山県野生鳥獣食肉衛生管理ガイドライン（イノシシ・ニホンジカ）について、岡山県HP を参照。
（http://www.pref.okayama.jp/uploaded/life/530517_4117335_misc.pdf）

12) 獣肉処理施設搬入数の割合を示している。なお、獣肉処理施設搬入数を捕獲頭数で除した値である。

13) ヒアリング調査によれば、ニホンジカは埋設されるケースが多いとのことである。また、イノシシでは、自家消費だけでなく、譲渡するケースもみられるとのことである。

14) ジビエの流通機能については、伊藤（2018）を参照。

15) その他の都道府県として、兵庫県、島根県、香川県、埼玉県、神奈川県である。

16) 卸売業者 3 社を通じて、首都圏内レストランに販売されている。

17) 内臓は、大部分が廃棄されている。一部分のみ、ドッグフード業者が引き取っている。

18) ジビエ認証は、食肉処理施設の自主的な衛生管理を推進し、より安全なジビエの提供と消費者のジビエに対する安心の確保を図ることを目的とした制度である。2020 年 9 月末時点で、ジビエ認証を受けた食肉処理施設は、15 施設となっている。ジビエ認証制度について、農林水産省 HP を参照。（https://www.maff.go.jp/j/nousin/gibier/attach/pdf/ninsyou-45.pdf）

19) 指定管理者の店舗網は、およそ 130 店舗が存在する。

（渡邉　憲二）

第 6 章

岡山県における空き家再生に向けた取組み

1. はじめに

　人口減少時代が到来し住宅ストックが全国的に増加することを見据え、住生活基本法が施行された2006年当時の中古住宅の流通シェアが13%であったものを将来的に23%へ引き上げる目標を掲げていた。さらに、中古住宅の流通の促進に向け宅地建物取引業法も改正され、中古住宅インスペクション（建物状況調査）の斡旋・説明責任、建物評価基準の見直し（建物価値の維持）等、中古住宅の流通促進に向けた政策が推し進められてきた。しかしながら、施行後15年近い年月が経過しているにもかかわらず、中古住宅の流通シェアは14.5% と低調のまま伸び悩んでいるのが現状である。

　また、社会問題となっている空き家については、法整備もなされ危険な空き家の除去は可能となった。しかし、再生可能な空き家の利活用の取組みは進んでいるとは言えず、地域や自治体によって、かなり温度差があることは否定できない。地方においては、古い一戸建ての空き家住宅が未だに多く点在しており、高齢化も進み、大都市圏とは異なった事情が背景にある。

　岡山県内において、積極的に空き家バンク等を活用して、空き家の再生による中古住宅の流通促進を図り、賃貸・売買を問わずに空き家の成約件数を伸ばしている自治体もある。それらの成功事例を整理することで他にも応用できるものと捉え、本研究において、岡山県における空き家再生への取組みについての現状分析および今後の課題解決に向けて考察することにした。

2. 空き家の利活用における課題

2015年2月に空家等対策の推進に関する特別措置法が施行されたことを受け、各自治体では空家等対策協議会を設置、空家等対策計画を策定して特定空き家（危険な空き家）の除去等の推進に弾みがついたことは間違いない。ただし、これは危険な空き家（特定空き家）の除去等が目的となっており、再生可能な空き家の利活用を推進するものにはなっていないため、本当の意味での空き家問題の解決には至らない。平成30年住宅・土地統計調査[1]でも「その他の住宅」[2]の空き家が全国で347万戸あり、5年前の調査よりも約29万戸増加している実態からも明らかである。

海宝ら（2020）が岡山県を例に地方では築年数の古い一戸建て住宅が多く点在していることを示したが、これに加えて高齢化率も空き家率と共に高く、三大都市圏の空き家状況と異なる問題点も山積する。よって、空き家に付加価値を付けることも考えなければならず、例えば地方での新しい暮らし方や働き方の提案を同時に行うことが移住促進にもつながり、地方の地域資源の活用という観点からも重要なことと捉える。

また、空き家の利活用を促進させるには、空き家所有者側の意識を変えることも必要不可欠である。国や自治体だけに留まらず、地域の諸団体や専門家等が連携して推進することができる仕組み作りが必要となる。

移住促進等の関係者へのヒアリング調査において、築年数が一定期間経過している既存建物を居住用にするためには、耐震改修、老朽化した水回り等の設備などの改修が必要にはなるが、費用負担だけが問題という訳ではなく、「建物があまりにも古く、耐震性能が備わっていないことを賃貸希望者が承知していたとしても本当に賃貸しても良いものか」といった貸主としての倫理感的なものが働くケースもあった。

以上のことから、各自治体の取組みを調査・分析して、他の地域でも流用できる成功事例を取込みつつ、地域に合致した独自のスタイルで空き家再生への取組みができる道筋を示すことが課題と捉えている。

3.　岡山県における空き家の現状

（1）　空き家数の推移

　平成 30 年の住宅・土地統計調査によると、岡山県における総住宅数は
916,300 戸となっており、そのうち空き家数は 142,500 戸（空き家率 15.6％）
であり、全国平均 13.6％を上回っている。

　空き家率は、前回（平成 25 年調査）の 15.8％より 0.2 ポイント減少してい
るが、「その他の住宅」が 73,400 戸（総住宅数の 8.0％）と、平成 25 年より
1,700 戸増となっている（図 6-1 参照）。この 7 万戸を上回る「その他の住宅」、
つまり未利用の空き家があるという問題認識を持たなくてはならない。

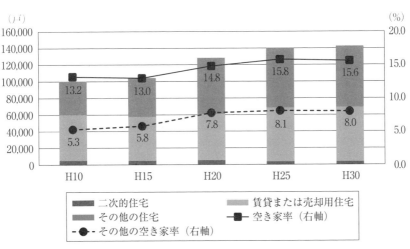

図 6-1　岡山県の空き家数の推移

出典：総務省「平成 30 年住宅・土地統計調査」をもとに筆者が作成

（2）　高齢化率と空き家率

　倉橋（2012）が、高齢化率と空き家率の相関関係について実証しているが、
岡山県においても高齢化と空き家率の相関関係が確認できる（図 6-2 参照）。

　高齢化率が進んだ地域では、高齢の空き家所有者では、空き家の積極的な利

活用が困難であり、空き家を減少させることが困難な状況にあるというのが一般論であろう。しかし、必ずしも一般論では説明できないケースがある。海宝ら（2020）が示した「岡山県における自治体別空き家バンク利用状況」の分析結果と図6-2を照らし合わせると、A市やB市は、高齢化率が高いにもかかわらず、空き家バンクへの登録物件数が多く、成約率も高くなっている。移住促進策と空き家バンクを機能的に連動させて、積極的に働きかけているものと理解できる。

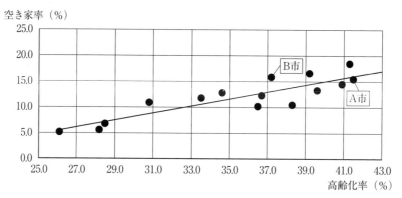

図6-2　岡山県における市町村別の高齢化率と空き家率[3)]
出典：「岡山県毎月流動人口調査」[4)] および「平成30年住宅・土地統計調査」をもとに筆が作成）

（3）空き家バンクの設置状況[5)]

　岡山県の全27市町村の中で、空き家バンクは25市町村で設置しており、設置率92.6%となっている。そのうち、独自の空き家バンクのみの設置が9市町村となっているのに対し、16市町村が「岡山県空き家情報流通システム」と連携させている。

　さらに、株式会社LIFULLが運営する「LIFULL HOME'S 空き家バンク」、アットホーム株式会社が運営する「全国版空き家・空き地バンク」にもリンクさせている市町村は9つあり、前述のA市はここに入る。また、これらすべてにリンクさせている市町村も5つ存在し、B市はここに入る。このように、さ

まざまな情報コンテンツを届指して空き家バンクの成約実績につなげていることがわかった。

（4）　空き家バンクの積極的な活用事例

　前述のA市においては、空き家バンクの登録物件を、賃貸と売買の双方を想定して登録している物件が多く見受けられる。これにより、空き家を検索する側にとって選択肢が増え、多くの物件を検討できるという利点がある。ここには、運営側である自治体による成約を優先させた柔軟性が感じられる。また、同時に移住ポータルサイトで、貸し方や売り方について細やかに解説しており、貸し方が分からない所有者へのサポート体制を充実させることの重要性が確認できた。

　なお、多くの自治体で、売却・賃貸ともに登録物件数が少ないことが指摘されており、増加対策を講じる必要があることはもちろんのことではあるが、物件情報の開示方法に工夫が足りない点も見受けられる。

4.　空き家バンクの利用状況から見えてくるもの

　海宝ら（2020）が空き家バンクを利用者の地域特性を分析した結果、県外からの移住者のほとんどが売買により住宅を取得している郊外エリアがあった。反対に市内からの移住者が多い市街地エリアでは賃貸が主流という分析結果が得られた。

　このことからも分かるように、地域によって賃貸と売買のニーズが異なるため、地域特性を反映させたPR戦略を変えることも必要である。例えば、県外からの移住希望者に対しては、空き家の改修方法や住んだ場合のイメージを持ってもらうためのPRを行い、同時に空き家の購入を推奨していくといったものである。

　空き家バンクの登録者（売主または貸主）に対しては、空き家所有者へ利活用を促すことだけにとどまらず、物件登録時に賃貸と売買の両方で登録するといった戦略的アドバイスを受けられる機会を設けることも必要である。さら

に、移住推進等の関係者に対する専門家によるレクチャーも必要になる。実際に、スキルの共有、理解、問題点の共有、解決策の共有を図る研修会等が実施されている事例はある。

　また、空き家を検索する際に市町村の空き家バンクのサイトを直接閲覧するケースは多くないものと推察する。よって、前述のように民間団体が運営する空き家バンクのポータルサイトとリンクさせることも必要不可欠となる。

5. 空き家の流通活性化に向けた提案

　空き家の利活用といっても、地域性を十分に考慮した対策を講じる必要がある。地域により賃貸あるいは購入のニーズが異なるものと予想される。地方の中心都市への通勤者が多く居住する、いわゆるベッドタウン化している地域では賃貸ニーズの方が高いものと推測する。その中でも、子どもが幼少な若い世帯は賃貸アパート等への入居者が多くなるであろうし、年齢を重ねるにつれ、子どもの成長と共に一戸建て賃貸住宅へと移行することが予測できる。

　このように、世帯の構成や地域性を考慮して、空き家の利活用を具体化させる必要がある。空き家の所有者には貸し方や売り方といった活用方法の理解を促し、住宅希望者には、空き家を含めた中古住宅の賃貸または購入を検討してもらう機会を設けることが重要である。

（1）　住宅ニーズに合わせた取組みの必要性

　まずは居住用建物を再生可能なものと取壊すものに色分けすることが重要であり、居住用建物として再生可能な住宅については、リフォーム等が必要にはなるものの、居住用として賃貸または売却する方向で残す。一方で、居住用に向いていない建物は店舗や事務所などへの転用も視野に再生を検討することが重要であることは、実際の古民家再生の現地調査を行った際にもわかった（図6-3参照）。

　子どもが生まれて手狭になったことから、中古住宅の購入を希望する移住者が見込まれる自治体もある。地方であっても中心都市内での住宅購入は、例え

中古住宅であっても購入価格が高く、安価な周辺都市への移住を検討するケースは多い。このような、いわゆるベッドタウンとなっている地域では、中古住宅の購入斡旋を積極的に行うことも重要である。特に、空き家の買い方やリノベーション等のやり方などを紹介することも併せ、中古住宅の斡旋・PR方法の工夫が必要である。同時に、リフォームやリノベーションを伴う中古住宅購入において、「フラット35」リノベといった中古住宅に対する住宅ローン等の知識やアドバイスを行う専門家との協力も必要となる。

図6-3　古民家再生現場の調査の様子

（2） 空き家バンクの積極的活用の提案

　県外の事例ではあるが、尾道市ではNPO法人尾道空き家再生プロジェクトが空き家バンクの一部を運営しており、代表の豊田雅子氏によると、空き家バンクの登録物件においては、ほとんどが買取り（売買）であるとのことである。空き家所有者は手放すことを希望しており、購入ニーズと合致している。

　また、空き家バンクを地区に分けて、それぞれ空き家バンクを運営している。特性の異なる地域に分けることで、そこに住むイメージを持ってもらうためのコンセプトがより明確になるという利点がある。その地域に住む価値の理解を深めるために、エリア別に空き家バンクを運営することで移住推進につなげていることが確認できた。

　空き家バンクにおける新しい取組みとしては、ビデオによる空き家登録物件の内覧を可能にする取組みも検討したい。特に遠方から移動に制限がある等の移住希望者に対応した効果的な手段となろう。可能であれば、ビデオ会議システム等を利用したオンライン内覧会も企画・提案したい。

（3）　空き家の利活用促進に向けた啓蒙活動の必要性

　自治体によっては、空き家の利活用に向けた啓蒙活動として、空き家所有者等に対して固定資産税納税通知書に空き家バンクへの登録の案内等の利活用を促す書面（チラシやパンフレット等）を同封し、空き家バンクへの登録件数の増加につなげている事例も多くなってきている。

　ある自治体で実施した研修会において、空き家の活用勉強会等が必要との声が寄せられたこともある。地方では空き家所有者が遠方に居住しているケースも多く、地元での勉強だけではなく、ビデオを作成して YouTube にアップ、固定資産税納税通知書に案内を同封するといった工夫も検討課題と考える。

　また、2019 年 3 月に東京都が「東京空き家ガイドブック」を発行して以来、それに類する冊子を作成する自治体が増えてきた。岡山県においても、岡山県版とした「空き家ガイドブック」が発行されており、市役所・区役所等で市民に配布されており、インターネットでも閲覧可能となっている。しかしながら、限定的な発行部数、配布手段も公共施設等への設置のみといった程度では、本来手に取って欲しい高齢の空き家所有者が目にすることができるのか疑問が残るため、これらの見直しも検討課題として挙げる。

　岡山県瀬戸内市では、瀬戸内市移住交流促進協議会が「空き家事例集」を作成して、空き家所有者が利活用の検討を促すための取組みを行っており、エリア別に空き家の活用事例を紹介することで、空き家の活用が非常に身近に感じられるものになっている。

　さらには、専門家による市民向け相談窓口の設置も必要であろう。無料相談窓口（ネット相談も含む）を設けている自治体は多くなってきた。専門家を配置するには人件費等も問題もあるが、行政が主体となって空き家所有者に働きかける役割を担い、空き家の活用方法を伝えていく啓蒙活動は必要である。

（4）　移住者向けの取組み

　多くの移住希望者は、住みたい地域を決めて、そこから物件探しをするのが一般的と考える。よって、移住者希望者に向けた地域イメージ戦略を打ち立てる必要がある。それには、多くの自治体が運用している移住ポータルサイト等は効果的な手段であるものと考える。実際にそれがきっかけとなり、現地に足を運んでもらえるケースも増えているようだ。

　さらに、住んだイメージを描いてもらうための地域紹介ビデオ等のコンテンツを充実させることも有効な PR 手段と考える。具体的には、物件周辺地域の商業施設、学校、公園、公共施設等の動画による案内も盛り込んだ「地域動画マップ（またはオンライン案内）」を提案したい。現在、ゼミにおいて学生と動画制作プロジェクトを立ち上げ、実証実験に向けた取組みを開始した。

　これにより、遠隔からの当該地域に住むイメージがより鮮明に持て、現場に足を運んでもらえる確率が高まることを期待したい。また、動画と連動したペーパーでの「地域マップ」の作成も同時に行うことでより強固なものとしたい。

　なお、ヒアリング調査を行った岡山県内のある自治体では、地元住民等が買い取りを嫌うケースもあった。どのような人が移住してくるか不確定な要素も多く、まずは賃貸で住んでもらい、地域に馴染んできた時点で買い取ってもらう提案をしている。状況に応じて、物件見学の際に既移住者とのコミュニケーションの場を提供することも必要であると考える。

　このように地域の事情や特徴を活かした制度を構築していく必要がある。そのためには、地元の移住関係者、宅地建物取引業者ほか専門家との十分なコミュニケーションを図り、地域に合致した啓蒙活動を考案していくことが重要となる。

6.　結びにかえて

　住宅金融の発展が中古住宅流通促進に寄与する可能性が高い。近年、中古住宅に対する住宅ローンは充実してきており、中でも中古住宅の購入と同時にリフォーム等を行うことを前提にした「フラット 35」リノベの利用者が増え

ることを期待する。この商品は、金利優遇に注目が集まっているが、所定のリフォーム等を行うことで、最大で中古住宅の購入代金の全額分について融資を受けられる点が大きな特徴と捉えている。空き家購入を推進するうえでの大きな役割を担うものと期待する。また、これらをアドバイスできる専門家等の相談窓口を設置することも検討課題である。

　また、エリアマネージャーの重要性については、鳥取市におけるフィールドスタディで確認できた。拠点を戦略的につくることが、その点を線につなげ、最終的に線がつながることで面（エリア）にしていくことが可能となる。また、中心市街地と郊外では空き家の利活用手法は異なる。中心市街地内では、事務所・店舗・宿泊施設等への転用が検討できる。具体的には、シェアオフィス、シェア店舗（日中と夜の別活用）等である。一方で、郊外では居住用建物やゲストハウス等での再生事例が多いことから、中心市街地のみならず、郊外等のエリアにおいてもエリアマネージャーのような人材を据えることは重要である。

　中川（2014）が賃貸手法として賃借人型DIYの活用を推奨したが、その後に国土交通省も積極的なPR活動を展開している。空き家所有者の経済的負担を軽減できることから、特に地方に多い一戸建ての空き家の賃貸借契約には有効手段と考える。空き家所有者への貸し方をレクチャーする際に盛り込んで欲しい内容である。

　さらには、高齢化率が高い地域では、空き家所有者が契約や管理等を行うことが困難なケースも考えられるため、サブリースによる賃貸借契約も推奨したい。空き家所有者の高齢化が進むにつれ、当事者（貸主）として賃貸借契約を行うことが重荷になるような場合には、一定の事業者が借上げ転貸するという、いわゆるサブリース事業等も重要な役割を担うものと考える。

　いずれも、空き家所有者（先々貸主または売主となる者）からの信頼を得ることが重要であり、地元住民からの信頼が厚い人材（地区のまとめ役的な人物）がエリアマネージャーのような役割を担うことが、地方都市やその周辺都市では必要になるものと本研究を通じて認識させられた。

　産学官一体となって総合的に空き家再生に向けた取組みを推進できるよう、

本研究で得られた成果をもとに、今後もさまざまな提案を行っていきたい。

謝　辞

　瀬戸内市役所をはじめ、調査にご協力賜りましたみなさまに心から感謝を申し上げます。な
お、本研究は、文部科学省平成 29 年度私立大学研究ブランディング「寄り添い型研究による
地域価値の向上」の助成を受けて実施しております。

文　献

海宝賢一郎・髙林宏一・田中潔（2020）「地方における中古住宅流通活性化の可能性」井尻昭
　　夫・江藤茂博・大﨑紘一・三好宏・松本健太郎編『大学と地域　接続可能な暮らしに向けた
　　大学の新たな姿』ナカニシヤ出版
倉橋透（2012）「地方圏における『その他の空き家』と高齢化の関係についての一考察」『国土
　　交通政策研究所報』44、18-27
中川哉（2014）「『空き家』の地方自治体による活用方策」『日本不動産学会誌』28（3）、79-83

注

1)　総務省統計局「平成 30 年住宅・土地統計調査」〈http://www.stat.go.jp/data/jyutaku/（最
　　終閲覧日：2021 年 3 月 1 日）〉
2)　住宅・土地統計調査の定義では、「別荘等二次的住宅、賃貸用住宅、売却用住宅以外の住
　　宅で、例えば、転勤・入院などのため居住世帯が長期にわたって不在の住宅や建て替えなど
　　のために取壊すことになっている住宅のほか、空き家の区分の判断が困難な住宅などを含む」
　　としている。
3)　空き家率は「その他の住宅」が総住宅数に占める割合により算出した。
4)　「岡山県毎月流動人口調査（年報、2019 年 10 月）」〈https://www.pref.okayama.jp/page/
　　662226.html（最終閲覧日：2020 年 9 月 30 日〉
5)　各自治体のホームページより調査（最終閲覧日：2021 年 3 月 1 日）

（海宝　賢一郎・髙林　宏一・田中　潔）

第7章
観光サインの多言語化における語用論的誤り

1. はじめに

　観光庁の「訪日外国人旅行者の国内における受入環境整備に関するアンケート」(2019) では、旅行中に「困ったことはなかった」という回答が2017年から2019年にかけて年々増加し、「施設等のスタッフとのコミュニケーションがとれない」や「多言語表示の少なさ・わかりにくさ」などの問題の指摘も減少傾向にある。にもかかわらず、2019年12月15日、東京オリンピック・パラリンピック大会の開催を前に新国立競技場がマスコミに公開されるやいなや、海外メディアのソーシャル・ネットワーキング・サービス (SNS) に英語サインの不自然な翻訳などの問題が取上げられた[1]。

　新国立競技場の事例は今日の日本の多言語観光サインの問題を端的に示すものである。日本各地の観光サインには英語の綴り間違いをはじめ、中国語の簡体字・繁体字や韓国語・朝鮮語のハングルの誤表記、日本語と中国語の同字異義語の誤用、文法構造の誤りなど様々な問題が散見される（松浦・黎・徐・全・湯、2020；徐、2020；松浦、2020）。これに加えて、語句の表記や文法構造が正しくても、サインの言語表現と伝達される意味の関係に問題がある語用論的誤り (pragmatic failure) がある。

2.　語用論的誤り

　語用論的誤りとはトーマス（Jenny Thomas, 1983：99）が定義した概念で、言語語用論的誤り（pragmalinguistic failure）と社会語用論的誤り（sociopragmatic failure）に分類される。前者は意図した意味を伝える言葉の形に、後者は親疎などの社会的距離や力関係、相手への負担など社会的規範に照らした言葉の使い方に関する誤りである（石原・コーエン、2015：10）。

　語用論的誤りの一因に母語の語用論的転移（pragmatic transfer）がある（石原・コーエン、88）。その典型が日本語の「すみません」と英語の"I'm sorry"の関係である。「すみません」は状況に応じて謝罪と感謝の意を伝えるが、"I'm sorry"に感謝の意味はない。日本人が誤って感謝の意味で"I'm sorry"と言うとき、日本語の語用論的特徴が英語へ転移し、意味と言葉の形に齟齬が生じている。

　観光サインの外国語表記にもこのような日本語の語用論的特徴が転移したと思われる事例が存在する。他言語の語用論的特徴を無視して日本語の特徴のまま直訳したために不自然な翻訳となっている事例である。例えば、日本の公共サインには比較的丁寧で、回りくどく、情報量が多いという特徴がある（倉林、2018：93）。具体的には、かつて禁止サインでよく見られた「入るべからず」「立入禁止」といった直接的指示に代わり、最近では 「入らないでください」といった丁寧表現も好まれるようになった。また、直接的な指示よりも、周囲への迷惑や道徳的・倫理的マナーへ訴える婉曲表現が好まれる（倉林、93）。実際、岡山駅近くの路上に「あなたの置いたその一台　人の迷惑考えて！」という看板があるが、これは直接的な「駐輪禁止」という指示の代わりに、見る人の倫理観に間接的に訴えかける表現となっている。

　このような日本語サインの特徴をそのまま他の言語に翻訳したとしても、サインの意図が正しく伝わるとは限らない。しかし、実際の観光サインにはそのような翻訳も珍しくはない。以下では、日本語と英語・中国語・韓国語の語用論的特徴の違いに着目し、日本の多言語観光サインに見られる語用論的誤りの

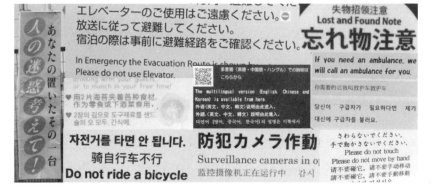

図7-1　日本語の語用論的特徴を示す観光サイン

問題について論じる。

3．英語サインの語用論的誤り

（1）禁止サインにおける丁寧表現

　日本語の公共サインの特徴の一つは丁寧表現にある。日本の言語景観について論じたウェッツェル（Wetzel, 2011：4-5）は、日本の公共サインにおける過剰な丁寧表現に注目した。英語であれば命令法が使用される所で、日本語では丁寧表現や勧誘表現が使用されているのである。実際、禁止の意図を伝えるのに、日本の観光サインでは「しないでください」や「ご遠慮ください」などの丁寧な表現がよく使用されている。この語用論的特徴が転移した結果、日本の禁止サインの英訳には"please"が多用されている。明らかに、日本語の「ください」という丁寧表現を英語に転移させた結果である。一方、英語の禁止サインでは"please"は使用しない。"please"は相手への依頼または相手の利益になることを知らせる場合に用いるからである。そのため、英語の禁止サインに"please"が付加されるなら、その意図は依頼であると誤って解釈される可能性がある（倉林、89-90）。

　禁止の意図が依頼と解釈されるなら、禁止の強制力も弱められる。実際の観光サインでは、例①、②のような身体や生命の安全に関わる禁止でも、一般的

な例③のような指示と同様に、"please" が使用されており、もはや禁止とは言いがたい。なお、例の引用の表記は収集サインのまま示す。ただし、実際の観光サインでは日本語が先に表記されるが、以下では外国語表記を先にし、括弧内に事例の収集地とその業種等を簡略に示す。

① Please do not enter with weapons in your possession.
　凶器の持込みはご遠慮ください　　　　　　　　　　　（大阪市：展望台）
② Please do not use Elevator.
　エレベーターのご使用はご遠慮ください。　　　　　　（徳島市：ホテル）
③ Please do not walk on the lawn.
　芝生内に入らないでください　　　　　　　　　　　　（京都市：史跡）

　日本語母語話者には、「しないでください」や「ご遠慮ください」のような丁寧表現であっても、これらが禁止を意味することは自明である。日本語は「聞き手に意味の解釈の判断を依存する傾向が強い」（三宅、2011：97）言語である。日本語話者はわずかな情報からどのような行為が求められているかを判断する。しかし、同じ社会的規範を共有しない人々が、日本語の語用論的規範を転移させた禁止サインを見て、その意図を正確に理解できるとは限らない。

（2）　言葉の形と意味

　禁止の意図を正確に伝えるには、日本語と英語の禁止の強制力を等価にすることが肝要となる。しかし、例④、⑤の日本語では直接的な禁止表現が使用され、英語では "please" が付加された依頼表現が使用され、明らかに禁止の強制力に差が生じている。

④ Please do not use fountain or ballpoint pens inside the museum.
　万年筆・ボールペン使用禁止　　　　　　　　　　　　（安来市：美術館）
⑤ Please do not eat or drink in the galleries.
　所定の場所以外の飲食は禁止です。　　　　　　　　　（京都市：博物館）

　このような禁止の強制力の差を解消するには、表層的な言葉の構造の等価

ではなく、伝達される意味・意図の等価を目指すべきである。例 ⑥〜⑧では、日本語では丁寧表現が、他方、英語では命令法による明示的な禁止が用いられている。

⑥　Do not touch the work.
　　展示品にはお手を触れないでください　　　　　　　　　　（岡山市：岡山芸術交流）
⑦　No flash photos
　　フラッシュ撮影はご遠慮ください　　　　　　　　　　　　　（倉敷市：美観地区）
⑧　KEEP OUT
　　関係者以外の立入はご遠慮ください　　　　　　　　　　　（京都市：神社境内）

　日本語と英語の言語構造は異なるが、ともに禁止であることは明らかである。禁止サインにおいてそれぞれの母語話者に等しく禁止であると伝わることが肝心である。

4. 中国語サインの語用論的誤り

（1）話し言葉と書き言葉

　英語の禁止サインには日本語の丁寧表現をそのまま英訳することによって、禁止の意図が弱められるという語用論的問題が見られた。中国語のサインにも同様に、禁止サインの実効力が疑問視される事例がある。それは中国語翻訳の書き言葉と話し言葉の混乱によって引き起こされている。観光サインとは恒常的に設置された書き言葉による掲示であるから、書き言葉の使用が標準となる。しかし、日本の中国語サインには話し言葉による表記が散見される。例えば、「してはいけません」という禁止では、書き言葉の"禁止…"や"不得…"を用いるべきだが、実際の中国語サインの翻訳では話し言葉の"…不行"や"不許…"が使用されている[2]。

　話し言葉で書かれた禁止サインには言葉のフォーマリティに関わる語用論的問題がある。例⑨の中国語サインは話し言葉で「自転車に乗るのはだめよ」というくだけた語調で表記されているが、はたして「だめよ」という伝え方で

禁止の効果がどれだけ期待できるだろうか。

　⑨　骑自行车不行
　　　自転車に乗ってはいけません　　　　　　　　　　　（岡山市：商店街路上）

　禁止サインとして強制力を示すには“禁止骑自行车”とフォーマルな書き言葉で表記すべきである。

　同様に、「しないでください」という表現には、書き言葉では“请勿…”を、話し言葉では“请不要…”または“请别…”を用いる区別がある。実際、中国国内で収集した事例には、撮影時に「フラッシュを使用しないで下さい」というサインは書き言葉の“请勿闪光”（四川省成都市：成都パンダ繁殖研究基地）で表記されている。しかし、日本で収集した例⑩、⑪では話し言葉の使用が見られる。

　⑩　请不要碰它。
　　　さわらないでください。　　　　　　　　　　　　（東京都台東区：土産物店）
　⑪　请别带入打火机到去中国的飞机
　　　中国へのライターの持込みを禁止とさせて頂きます。　　　（岡山市：空港）

　それぞれの中国語訳を適切な表現に改めると、例⑩は“请勿触摸”となり、例⑪は“禁止携带打火机乘坐中国航班”となる。例⑩では「さわる」の部分も話し言葉が使用されており、書き言葉では“触摸”を用いるべきである。

（2）　主語の省略

　話し言葉と書き言葉の違いは主語の省略にも影響する。中国語の話し言葉では、発話者が主語であると明らかであるので主語の省略が可能であるが、書き言葉では省略されない。この違いは「ようこそ○○へ」という歓迎サインの中国語訳において問題となる。中国国内の空港や観光地に掲げられた歓迎サインでは、書き言葉が用いられ、“北京欢迎你”や“大连欢迎您”のように地名[3]（それぞれ北京、大連）が主語となる。一方、日本で収集した例⑫、⑬では話し言葉が用いられている。

⑫　欢迎来到宫岛　　ようこそ宮島へ　　　　　　　　　（廿日市市：商店街）
⑬　欢迎来到香川　　ようこそ香川へ　　　　　　　　（坂出市：パーキングエリア）

　観光サインは恒常的に設置された書き言葉による掲示・案内である。これら
の歓迎サインでは話し言葉による主語の省略で、サインを見た観光客には誰が
誰を歓迎しているのか分かりづらい看板となっている。

（3）　日本語と中国語の視点の違い

　同じ意図を伝えるのに言語によってさまざまな伝え方がある。日本語と中国
語でも同じことを異なる視点から見て言語化することがある。以下に示した忘
れ物注意サインでは、日本語では「忘れない」、中国語では「携行する」とい
う異なる側面に目が向けられている。日本語では「忘れないで」、中国語では
例⑭、⑮のように「持ち物をしっかり持っていてください」という伝え方をす
る。

⑭　请带好随身物品　　　　　　　　　　　　　　　　　　（成都市：空港）
⑮　请携带随身物品　　　　　　　　　　　（成都市：成都パンダ繁殖研究基地）

　他方、日本で収集した例⑯、⑰のサインでは、日本語の「忘れないで」とい
う表現が中国語に直訳されている。

⑯　失物招领注意 [4)]　　　忘れ物注意　　　　　　（三木市：サービスエリア）
⑰　别忘了！　　　　　　　忘れないで！ね　　　　　（岡山市：バスターミナル）

　これらは文法的な誤用ではないが、日本語の視点の置き方がそのまま反映さ
れ中国語としては不自然な翻訳となっている。

　同様の視点の置き方の違いは「防犯カメラ作動中」という注意サインにも
見られる。日本語では「防犯カメラ」を主語とするが、中国語では"您已进入
视频监控区域"（中国大連市：路上）のように表現され、「カメラに写る人」が
主語となる。この和訳は「あなたはすでに監視制御エリアに入りました」とな
る。しかし、日本で採取した中国語サインでは、日本語的発想の「防犯カメラ」

を主語とした翻訳が使用されている。

⑱　監控摄像机正在运行中　　防犯カメラ作動中　　　　（東京都江東区：豊洲市場）
⑲　监视摄像头摄像中　　　　防犯カメラ作動中　　　　　　　（京都市：寺院）

　これらの中国語訳で中国語母語話者はサインの意図を推測できるかもしれないが、物事を見る視点が異なる表現に違和感を覚えるはずである。

5.　韓国語サインの語用論的誤り

（1）　話し言葉と書き言葉

　観光サインの翻訳における話し言葉の乱用は韓国語サインでも散見され、丁寧度やフォーマリティに関する語用論的誤りを引き起こしている。例⑳～㉓では、特に話し言葉を用いる必要性はなさそうなサインにおいて、くだけた親しげな口調や高圧的で傲慢な口調の話し言葉が用いられている。例⑳、㉑はくだけた口調の翻訳で、それぞれ「救急車を呼ぶよ」「追加料金がいるよ」という語調の韓国語訳となっているが、明らかにフォーマリティのレベルが誤っている。なお、引用に当たり、韓国語の該当箇所には筆者による下線部を施した。日本語は観光サインに併記された文言をそのまま引用している。また、下の括弧内にそれぞれの書き言葉による適切な韓国語の試訳を添えた。

⑳　당신이 구급차가 필요하다면 제가 대신에 구급차를 불러요
　　救急車が必要な時、あなたに代わって救急車を呼びます
　　(구급차가 필요하시면 구급차를 부르겠습니다)　　　　（京都市：地下鉄駅）
㉑　이 표는 추가 요금이 필요해요 [5]
　　降車時、地下鉄・バス一日券／地下鉄・バス二日券をお示しの上、230円をお支払いください
　　(이 표는 추가 요금이 부과됩니다)　　　　（京都市：バスターミナル）

　反対に、高圧的で尊大な口調の韓国語訳もある。例㉒では「捨てるな」という命令調で、例㉓は「楽しんでくれ」という口調である。しかも、例㉓は目的

語がなく、何を楽しむのかが不明な韓国語訳である。

② 페트병은 <u>버리지마</u>
　 빈 깡통은 <u>버리지마</u>
　 空き缶・ペットボトルは捨てないで下さい
　 (빈 깡통・페트병은 버리지 마십시오)　　　　　　　（東京都港区：自販機）
② 즐기기 <u>바란다</u>
　 粋な美味しさをお楽しみください。
　 (맛있게 드십시오)　　　　　　　　　　　（岡山市：サービスエリア）

　韓国語の禁止サインでも、日本語と同様に、丁寧表現が好まれる。「捨てるな」という命令は、韓国語の禁止サインとしても不適切である。

（2）中途終了文
　観光サインのようにスペースが限られた媒体では、省略を伴う簡潔な文体が好まれ、日本の観光サインでは中途終了文が多用される。中途終了文とは宇佐美（1995：35）の定義では「述部が省略された場合や、複文の場合、従属節のみで主節が省略されたりする発話、すなわち、最後まで言い切っていない発話」をいう。一般に日本語話者は文が中途で終了していても、文脈や状況からその意図や要求を推測するのに困難は感じない。一方、韓国語では述語がなければ文として成立しない。そのため、日本語の中途終了文の言語構造をそのまま韓国語へ転移させて翻訳するなら、韓国語母語話者には何が言い残されているのか、何が意図されているのか推測は容易ではない。日本語と韓国語は、語順もほぼ等しく、統語構造の共通性も高い。しかし、中途終了文についてはそうではない。
　例㉔～㉗の観光サインでは、日本語の中途終了文の構造がそのまま韓国語訳に転移されている。以下の引用では、韓国語の述語部分を括弧内に補い、それに相当する日本語表現も付加した。

④ 환영 미야지마로 (에 오신 것을 환영합니다)[6]
　 ようこそ宮島へ（お越し下さいました）　　　　　　（廿日市市：路上）

㉕　2 장의 김으로 도구재료를 샌드. (넣은 것으로) [7]

　　술의 오 모두. 간식에. (으로 좋습니다 / 추천합니다)

　　2 枚の海苔で具材をサンド。(しました)

　　お酒のおともに。おやつに。(おすすめです)　　　　　　(東京都港区：売店)

㉖　다언어 (영어・중국어・한국어) 의 설명은 이쪽에서 (해 드립니다) [8]

　　多言語 (英語・中国語・ハングル) での説明はこちらから (ご覧ください)

　　　　　　　　　　　　　　　　　　　　　　　　　　　　(岡山市：史跡)

㉗　물은 이쪽 (에 있습니다)

　　水はこちら (です)　　　　　　　　　　　　　　　　　(米子市：菓子店)

　注意サインにおいても日本語では中途終了文は珍しいものではない。しかし、韓国語訳で日本語の「ください」に相当する「해 주세요」が省略されるなら、韓国語話者にサインの意図は正確に伝わらない。

㉘　손을 만지지 (말아 주세요) [9]

　　展示物に触らないで (ください)　　　　　　　　　　　(高松市：史跡)

㉙　어린이는 안전하게 보호하여 가운데로 (서게 해 주십시오)

　　お子さまは支えて中央に (立たせてください)

　　　　　　　　　　　　　　　　　　　　　　(岡山市：ショッピングモール)

㉚　노란색선 안쪽으로 (서 주십시오)

　　黄色い線の内側に (お立ちください)　　　　　　(岡山市：ショッピングモール)

㉛　가파른 계단 (입니다) 발에 주의 (해 주세요) [10]

　　急な階段です 足元に気をつけて！(ください)　　　　　(高松市：路上)

　多言語サインにおいて、外国語と日本語の表記が完全に一致する必要はない。韓国語話者の理解のために、日本語の中途終了文の述部を補って韓国語に翻訳することが望ましい。

6. おわりに

　ここまで日本の観光サインの英語・中国語・韓国語の事例を分析し、翻訳の際に生じる丁寧さやフォーマリティのレベルの誤り、物事を捉える視点のずれ、主語や述語の省略に対する反応の違いなど、語用論的問題について論じた。特に、日本語の丁寧さのレベルや視点の置き方などの語用論的特徴をそのまま他の言語に転移させると不自然な表現となり、場合によっては意図が正確に伝わらない可能性があることも指摘した。

　語用論的能力とは文字通りの意味の背後にある意図を理解する能力をいう。しかし、外国人観光客が日本語の語用論的特徴を示す日本のサインを理解するのは容易ではない。そこで、異なる社会的規範を持つ人びとに観光サインがどのように理解されるか十分に意識した翻訳が重要となる。語用論的誤りは語句の表記や統語構造が正しい文にも起こりうる。語用論的に適切な観光サインの実現は、不適切な観光サインに起因する観光客の混乱を減少させるとともに、日本の観光産業が異文化を尊重する態度の表れともなろう。

謝 辞

　本調査・研究は、文部科学省・平成 29 年度私立大学研究ブランディング事業、岡山商科大学「『寄り添い型研究』による地域価値の向上」の支援を受け実施した。

文 献

石原紀子編著 アンドリュー・D・コーエン（2015）『多文化理解の語学教育　語用論的指導への招待』研究社

宇佐美まゆみ（1995）「談話レベルから見た敬語使用 ── スピーチレベルシフト生起の条件と機能」『学苑』662、27-42

カップ、ロッシェル（2019）「「HELLO、OUR STADIUM」新国立競技場の妙な英語 ── これで東京五輪を迎えるの？」『ニューズウィーク日本版』2019 年 12 月 26 日〈https://www.newsweekjapan.jp/rochelle_k/2019/12/hello-our-stadium.php〉（最終確認日：2020 年 4 月 30 日）

倉林秀男（2018）「日本における公共サインの問題点：日本語のサインスタイルと英語のサイ

ンスタイルを巡って」*Encounters*：獨協大学外国語学部交流文化学科紀要（6）、83-95

国土交通省観光庁（2019）「訪日外国人旅行者の国内における受入環境整備に関するアンケート」〈https://www.mlit.go.jp/kankocho/news08_000267.html〉（最終確認日：2019年12月16日）

徐沈廷（2020）「일본 관광사인의 한국어 오용 분석（日本の観光サインにおける韓国語の誤用分析）」『문화산업연구（文化産業研究）』20（2）、11-25

本田弘之、岩田一成、倉林秀男（2017）『街の公共サインを点検する　外国人にはどう見えるか』大修館書店

松浦芙佐子（2020）「観光サインにおける日本語と英語の言語間影響 ― 統語構造の分析 ―」『岡山商大論叢』55（3）、99-118

松浦芙佐子、黎暁妮、徐沈廷、全円子、湯文（2020）「観光サインの多言語化における言語間影響：語の形態と表記について」井尻昭夫・江藤茂博・大崎紘一・三好　宏・松本健太郎編『大学と地域　持続可能な暮らしに向けた大学の新たな姿』ナカニシヤ出版

三宅和子（2011）『日本語の対人関係把握と配慮言語行動』ひつじ書房

王志英（2005）『命令・依頼の表現 ―― 日本語・中国語の対照研究 ―― 』勉誠出版

Thomas, Jenny（1983）"Cross-Cultural Pragmatic Failure." *Applied Linguistics* 4, 91-112

Wetzel, Patricia J.（2011）"Public Signs as Narrative in Japan." In Nanette Gottlieb（ed.）, *Language in Public Spaces in Japan*. Oxon: Routledge, 3-20

注

1)　カップ（2019）はフィナンシャルタイムズ東京特派員の12月15日付けのSNSを紹介している。

2)　同じ禁止サインに"不可騎乗自行车"（岡山市：商店街路上）という翻訳がある。"不可"は状況可能（「この条件・場所では〜できません」）で、こちらも禁止の意味は弱い。

3)　地名ではなく飲食店やホテルなどが歓迎の主体であるときには"来到"ではなく丁寧表現の"光临"を用いる。加えて、店名は出さず"本店"という。例えば、"欢迎来到やまと"（岡山市：飲食店）は"欢迎光临本店"とする。

4)　これは「遺失物受け取り注意」の意味でそもそも「忘れ物注意」ではない。

5)　この韓国語訳には追加料金が230円であること、地下鉄・バス一日券などの使用についての説明はない。「이 표는 230 엔을 추가로 지불해야 합니다」とすべきである。

6)　この事例には格助詞の誤用も見られる。「환영 미야지마로」の下線部「로」は日本語「へ」の直訳である。正しくは「로」を「에」に代えて「미야지마에 오신 것을 환영합니다」とすべきである。

7)　この事例は「2 장의 김 사이에 재료를 넣은 것으로 술 안주로도 간식으로도 좋습니다」が

自然であろう。

8) この事例は、「QR」を補って「다언어 (영어・중국어・한국어) 의 설명은 QR 코드를 스캔하여 주십시오」としなければ意味不明である。

9) この事例には格助詞の間違いもある。「손으로 (手で)」とすべきところが「손을 (手を)」と誤訳され、「手を触らないで」の意味になっている。訂正すると「손으로 만지지 마십시오」となる。

10) 「발밑을 (足元に)」の箇所が「발을 (足を)」と誤表記され、足そのものを注意する意味不明な文となっている。「가파른 계단입니다 발밑을 주의해 주십시오」とするべきである。

(松浦　芙佐子・黎　曉妮・徐　沇廷・全　円子・湯　文)

第8章

高齢者の雇用ミスマッチに対する地域の対応
― 瀬戸内市の生涯現役推進に向けた取組み ―

　わが国では、労働力人口の大幅な減少が見込まれており、その傾向は、大都市圏よりは地方圏で深刻である。このため、地域の高齢者の就業や社会貢献活動が政策的に重要な課題となっている。筆者らは、包括連携協定を結んでいる瀬戸内市と共同で、高齢者の多様な活躍の場の創出や地域経済の活性化について協議してきた。2018年には層化無作為抽出した市内の高年齢者2,000名を対象に、2019年には市内の900の事業者を対象にアンケートを実施している。

　瀬戸内市では、厚生労働省が所管する「生涯現役促進地域連携事業」（事業実施期間3年）を受託し、雇用保険法に基づく雇用安定事業または能力開発事業を展開する。事業の実施主体は、協議体（瀬戸内市が中心となった合議体）であり、地域関係者と協働で包括的な支援体制を創る。2020年8月には、相談窓口（ゆめワークせとうち）がオープンし、今後はセミナーの開催や職業体験を展開していく予定である。本章では、生涯現役社会に向けた瀬戸内市の取組みを紹介する。

1.　はじめに

　高齢者の雇用において、ミスマッチが生じている。本章では、岡山県瀬戸内市で実施した2つのアンケート調査をもとに、需要（求人）と供給（求職）の両面から、問題の構造を明らかにする。

　まず、2018年9月に実施した高齢者の意識調査をもとに、高齢者の就労意

識について確認をする。アンケートに回答した 1,131 人のうち 73.3% もの人が、高齢期にいきいきと暮らすためには、年金だけに頼るのではなく就業等により所得を得ることが必要と回答している。一方で、60 歳代を過ぎると就業率は徐々に下がり、65 歳以上では半数以上が就業していない状況であった[1]。

　近年の高年齢者雇用安定法の改正等により、高齢者の就業機会は拡大している。2006 年に施行された改正法では、基礎年金部分の年金支給開始年齢（2013 年以降は 65 歳）までの雇用確保措置の義務化されている。さらに、2020 年には 70 歳までが努力義務とされており、全体として高齢者の雇用機会は増加している。にもかかわらず、高齢者の就労意欲と実際の就業率には乖離がみられることから、引き続き注視しなければならない問題である。

　そこで、瀬戸内市内の 900 事業所を対象に、現在の人手不足感、60 歳以上の雇用に関する意識、国や自治体に期待する支援などについて、アンケート調査を実施した。回答した 144 事業所のうち、約半数の事業所が従業員の不足を感じている。一方で、今後 3 年間で 60 歳以上の雇用を増やす意思があると回答した事業所は、全体の 26.3% に留まった。高齢者の雇用を増やさない理由としては、適した仕事がないことや体力・健康面での不安の声があがっており、労働力の需給調整機能の強化が課題となっている。

2. アンケートの概要

　本章では、瀬戸内市で実施した 2 つのアンケート調査の結果を報告する。調査の内容は下記のとおりである。

調査名「高齢期のくらしと仕事に関する意識調査」
実施方法
(1) 調査方法：郵送調査
(2) 調査実施委任機関：瀬戸内市役所
(3) 調査実施期間：2018 年 10 月 18 日〜11 月 8 日
(4) 調査対象：瀬戸内市在住の 55 歳以上、75 歳以下から層化無作為抽出によ

り選出された 2,000 人

(5) 抽出条件：地区（選挙区）ごとに、対象年齢の人口比率により抽出男女比
　　　　　　　　は、全体比率により抽出

　　　　　　　　同一世帯からは、1 名のみ抽出

回収状況

　　発送数は 2,000 人

　　回答数は 1,131 票（回収率 56.5%）

　　有効回答数は無効票を除く 1,130 票（有効回答率 56.5%）

調査名「高齢期の雇用に関する調査」

実施方法

(1) 調査方法：郵送調査

(2) 調査実施委任機関：瀬戸内市商工会議所および瀬戸内市役所

(3) 調査実施期間：2019 年 5 月 10 日〜5 月 29 日

(4) 調査対象：瀬戸内市商工会に登録する事業所

　　　　　　　　瀬戸内市の主要事業所

回収状況

　　配送数　900 票

　　回答数　144 社（回収率 16%）

3. 高齢者の就業意識

　本節では、2018 年に実施した「高齢期のくらしと仕事に関する意識調査」を
もとに、高齢者の労働供給について確認する。60 歳から 75 歳までの回答者数
900 人の中で、「現在（2018 年 9 月時点）収入のある仕事をしているか」を尋ね
たところ、「仕事がある」と回答したのは 417 名（性別・年齢不詳の回答者を除
いた回答者の 46.3%）であり、回答者の約半数が働いていることがわかった。

（1）　就業希望の高齢者

　60 歳以上の不就業者の割合は 53.7% となっている。年齢別にみると、60 歳
代前半層で 32.1%、60 歳代後半層で 53.9%、70 歳代で 66.4% となり、年齢を

重ねるごとに不就業者の割合は高くなっている。このうち、仕事をしたいと思いながら仕事に就かなかった者は、60歳代前半層で1.8%、後半層で2.2%、70歳代で2.2%となっている（表8-1）。なお、本調査では求職期間を伺っていないため、労働力調査における失業者と同義に扱うことはできないものの、全国の65歳以上完全失業率1.5%に比べると就業希望者の割合は高い水準にある[2]。

表 8-1　高年齢者の就業状況

(単位：%)

		高年齢者総数 （人）	就業者	不就業者	うち就業希望者 （働けるうちは働き続ける） （就業のために、何らかの 行動をした）
総数		900	46.3	53.7	2.1
60-64歳		218	67.9	32.1	1.8
65-69歳		271	46.1	53.9	2.2
70歳以上		402	33.6	66.4	2.2
男性（計）		421	54.2	45.8	2.4
	60-64歳	106	78.3	21.7	2.8
	65-69歳	127	54.3	45.7	2.4
	70歳以上	188	40.4	59.6	2.1
女性（計）		470	38.3	61.7	1.9
	60-64歳	112	58.0	42.0	0.9
	65-69歳	144	38.9	61.1	2.1
	70歳以上	214	27.6	72.4	2.3

　就業に向けて行動したにもかかわらず、就業に結びつかなかった人（62名）を対象に、どのような原因で就業に結びつかなかったと感じているかを尋ねたところ、「現在の状況からは就業が困難」が最多で32.3%となり、その他の理由としては「希望する仕事内容が無かった」（25.8%）、「事業者側に年齢要件の障壁」（21%）、「経験・資格を生かせる仕事が無かった」（19.4%）、「希望する雇用形態の仕事が無かった」（16.1%）となっている（図8-1）。

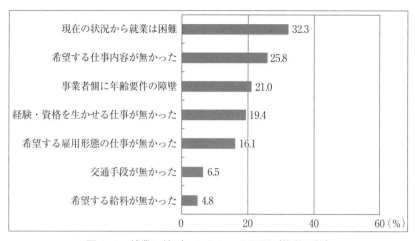

図 8-1　就業に結びつかなかった原因（複数回答）

（2）政府に対する要望

　就業先やボランティア活動など、個人の生活状況に合わせた活躍の場を紹介する相談窓口があった場合に、相談窓口を利用するか尋ねたところ、「利用する」と回答した人が357名（33.9％）、「利用しない」が268名（25.5％）、「わからない」が428名（40.6％）であった。

　相談窓口があったら「利用する」と回答した人を対象に、どのような相談をしたいか尋ねたところ、「就業先」が63.3％で最多となり、次いで「ボランティ

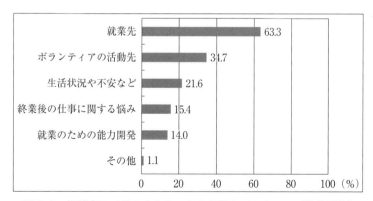

図 8-2　相談窓口でどのようなことを相談してみたいか（複数回答）

アの活動先」（34.7％）、「生活状況や不安など」（21.6％）となっている（図8-2）。

他方で、相談窓口があったとしても「利用しない」もしくは「わからない」と回答した人を対象に、その理由を尋ねたところ、「時間的・精神的余裕がない」（29.7％）、「就業やボランティアに関心がない」（24.7％）、「既存の窓口で十分である」（17.1％）等が20％前後の水準を示している（図8-3）。

また、すべての回答者を対象として、相談窓口に限らず、就業やボランティア活動等で行政に望むサービスはあるか尋ねたところ、「特になし」が42.3％

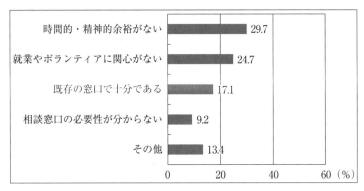

図8-3　相談窓口を利用しない理由（複数回答）

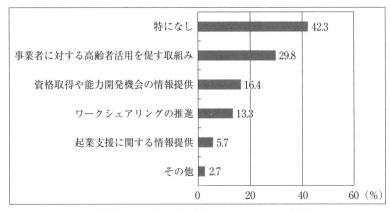

図8-4　相談窓口に限らず、就業やボランティア活動などで
行政に望むサービスがあるか（複数回答）

で最多であった。その一方で、「事業者に対する高齢者活用を促す取組み」が29.8％であり、事業所への行政介入を望む声もある（図8-4）。

4. 高齢者雇用の現状

　本節では、2019年5月に実施した「高齢者の雇用に関する調査〈事業所調査〉」をもとに、高齢者雇用の現状について確認する。瀬戸内市商工会に登録する事業所と本市主要事業所の合計900事業所に対してアンケート調査を実施したところ、144社（回答率16％）から回答があった。回答率から高齢者活用の意識の低さがうかがえるものの、人手不足を訴える事業所も多数存在し、高齢者の雇用機会を増やす余地は十分にあると考えられる。

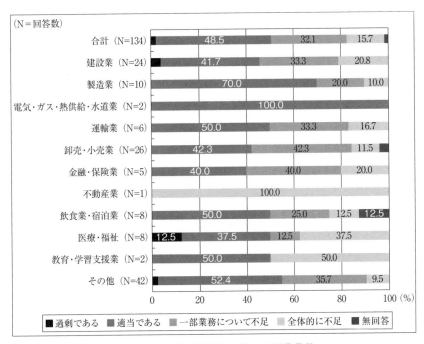

図8-5　現在の従業量に対する従業員数

（1） 現在の業務量に対する不足感

　現在の業務量に対して、従業員数が「適当である」と回答した事業所は65
事業所（回答者の48.5％）であった。「一部業務において不足」が43事業所
（回答者の32.1％）、「全体的に不足」が21事業所（回答者の15.7％）となって
おり、全体の約半数近くの事業所が人手不足を感じている（図8-5）。

　業種別にみると、人手不足の状況は大きく異なる。卸売・小売業の11事業
所（同産業内の42.3％）、建設業の10事業所（同産業内の33.3％）が「一部
業務について不足」と回答している。

（2） 不足している人材

　現在の業務量について不足していると回答した企業を対象に、どの職種で不
足しているか尋ねたところ、「技能工」が22.8％と最も高く、次いで「専門・
技術」が20.7％、「事務」が17.6％であった（図8-6）。ある程度の熟練や専門
知識を必要とする職種において、労働需要が高い。

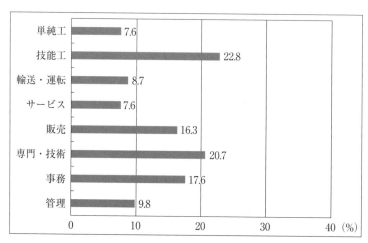

図8-6　不足する人材（複数回答）

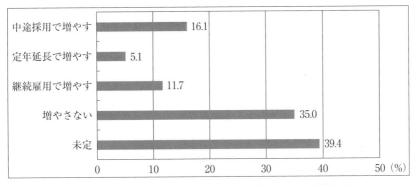

図 8-7　今後 3 年で 60 歳以上の雇用を増やすか（複数回答）

（3）今後 3 年で 60 歳以上の雇用を増やすか

　すべての事業者を対象に、今後 3 年間で 60 歳以上の雇用を増やす意思があるか尋ねたところ、「増やす」と回答した事業所は 36 事業所（回答数の26.3％）であった。そのうち、「中途採用で増やす」が 22 事業所（16.1％）、「定年延長で増やす」が 7 事業所（5.1％）、「継続雇用で増やす」が 16 事業所（11.7％）であった（図 8-7）。

　つづいて、60 歳以上の雇用を増やすと回答した事業所を対象に、どのような雇用形態で増やすか尋ねたところ、「非正規社員（短時間勤務）」（59.5％）、「非正規社員（フルタイム）」（51.4％）、「正社員」（40.5％）であった。

（4）　60 歳以上の雇用を増やす理由

　また、60 歳以上を増やす理由について尋ねたところ、最も高い理由が「高年齢者の能力・経験を活用したいから」で 66.7％であった。次いで、「若年・中年層の採用が難しいから」が 47.2％で、「年齢に関係ない仕事がある」が44.4％となった（図 8-8）。高齢者が持つ経験やスキルについて、企業とのマッチングが必要である。

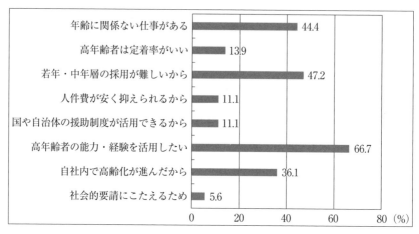

図 8-8　60 歳以上を増やす理由（複数回答）

（5）　高齢者雇用を増やそうとしない理由

　今後 3 年以内に 60 歳以上の雇用者を「増やさない」と回答した企業を対象に、増やそうとしない理由を尋ねたところ、「人手が足りている」が最も多く63.5％であった。次いで、「体力・健康面で不安がある」が 23.1％となり、「適した仕事がない」が 19.2％と続く（図 8-9）。

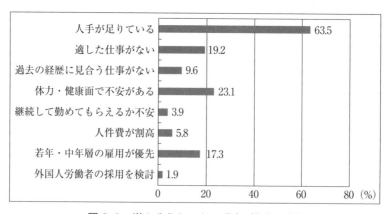

図 8-9　増やそうとしない理由（複数回答）

（6）　高齢者雇用を拡大するために必要な条件

　すべての事業所を対象に、60歳以上の雇用を拡大するために必要な条件について尋ねたところ、「本人の健康」が最も多く69.7％であった。次いで、「本人の意欲・モチベーション」が54.6％となり、「本人の能力」が46.2％と続く（図8-10）。働く意欲のある高齢者が働き続けるためには、体力・健康面での

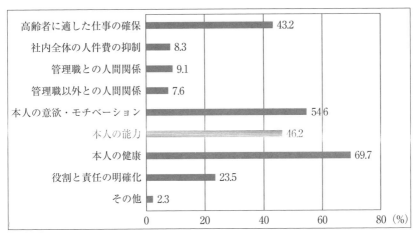

図 8-10　60歳以上の雇用拡大に必要な条件（複数回答）

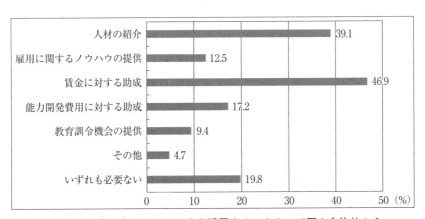

図 8-11　高齢者をよりいっそう活用するにあたって国や自治体から
　　　　 どのような支援が必要か（複数回答）

不安を抑え、雇用への動機づけを高めることが有効だと考えられる。

　つづいて、国や自治体に期待する支援について尋ねたところ、「賃金に対する助成」が46.9％と最も高い。次いで、「人材の紹介」が39.1％となり、「いずれも必要ない」が19.8％と続く（図8-11）。

5. 瀬戸内市の「生涯現役促進地域連携事業」

　双方のアンケート調査により、働きたいと希望を持つ高齢者がいる一方で、人手不足を感じている事業所の存在が明らかになった。両者を結びつけるためには、マッチング機能を強化する必要がある。それと同時に、高齢者に対しては事業所に受け入れられやすいようにスキルアップの機会を提供するとともに、事業所に対しては高齢者雇用に対する意識改革が重要だと考えられる。

　瀬戸内市では、厚生労働省が所管する「生涯現役推進地域連携事業（令和2年度開始分）」を受託し、高年齢者に幅広い活躍な場の提供を支援する。3年間の国からの委託金（年に最大2,000万円）をもとに、雇用保険法に基づく雇用安定事業または能力開発事業として、7事業を展開する予定である[3]。

　事業の中核を担う相談窓口「ゆめワークせとうち」が、2020年8月3日に瀬戸内市長船支所内の事務所で業務を開始している。55歳以上の市民に求人情報を提供するとともに、企業との橋渡し役を担う。また、人手不足分野および高齢者の関心が高い4分野（①医療・福祉、②建設業、③卸売業・小売業、④農業）を重点業種と位置づけ、職業体験会やスキルアップに関するセミナーなどを随時実施していく予定である。

（1）医療・福祉

　瀬戸内市の高齢者数は、2015年の12,151人をピークに高止まりの状況が続き、高齢化率は35％水準を長期にわたって維持し続ける[4]。2025年にはすべての団塊の世代が後期高齢者となるため、介護サービスの利用者は増加すると考えられる。一方で、岡山県内の介護サービスにおける有効求人倍率は4.46となっており、人手不足の状況にある[5]。

　こうした介護人材の不足について、社会保障審議会福祉部福祉人材確保専門委員会では、介護助手等の多様な人材の参入を促し、機能分化による介護業務の効率化が提唱されている[6]。介護助手とは、専門的な知識やスキルを必要とせず、清掃やベッドシーツの交換、配膳、食事の片づけ等の直接的には利用者に接しない補助的な業務を指す。先進的な取組みを行っている三重県では、介護助手の導入により介護職員は残業が減り、介護離職の減少等の効果が報告されている[7]。

　瀬戸内市においても、こうした補助職の活用が有効と考えられる。2020年度は、訪問介護事業者や高齢者住宅での家事・援助サービス（洗濯、掃除、食事調理・片づけ、買い物代行、接遇マナー等）の基礎が学べる「シニアからはじめる家事援助サービス講座」を開催している。

（2）　建設業

　岡山県内の建築・土木・測量技術者における有効求人倍率は7.03、建設躯体工事の職業は22.86、建設の職業（建設躯体工事の職業を除く）は5.74と、いずれも高い水準にあることから、慢性的な人手不足の状態にあることがうかがえる。前述の事業所向け調査でも、高年齢者の活用を積極的に考えている回答が多くみられた。

　　　　　　　雇用を検討する理由として、「年齢に関係ない仕事がある」が71.7％、「高齢者の能力・経験の活用」が71.4％であった。調査の中で、具体的にどのような仕事を高齢者にまかせたかを尋ねたところ、「作業後の掃除などの軽作業」や「書類管理」など高齢者でも可能な仕事の切り出しを検討しているケースもあった。建設業の経験者でもチャレンジしやすい環境を作ることが必要である。

（3）　卸売業・小売業

　岡山県内の商品販売における有効求人倍率は3.88であるが、前述の事業所向け調査によると人手不足と回答した事業所が半数を超える。しかし、高齢者の雇用を増やさないと回答した事業所が64％であった。高齢者を活用しない

理由としては、「体力・健康に不安がある」が35.3％、「経歴に見合った仕事がない」が23.5％、「若年・中年層の雇用が優先だから」が17.6％となっている。

　卸売業・小売業においては、高齢者雇用に対するイメージが課題となる。瀬戸内市では、高齢者雇用に消極的であった卸売業・小売業を中心に、求人票の開拓業務を行う予定である。また、事業所の意識改革を図るために、建設業などの高齢者雇用を取組んだ優良事例について、先駆的事例発表会を開催している。

（4）農　業

　瀬戸内市では、経営耕作地規模が1ha未満の小規模農家が5割以上を占め、基幹的農業従事者のうち65歳以上が占める割合は7割を超える。農家の高齢化・後継者不足は深刻で、耕作放棄地や不作付地が拡大し、鹿や猪などの農作物被害も増えている。そのため、担い手農家の育成・所得向上、新規就農者を受け入れる体制の強化、地元ブランドづくり等が課題となっている[8]。就業奨励金や農業次世代人材投資事業（開始型）などの各種支援を通じて、認定農業者や新規就農者の増加に努めている[9]。

　前述の高齢者向けの調査では、農業に関心を示す人が10％と高く、法人化の推進及び農業従事者人口の回復、遊休地の活用等が期待できる。瀬戸内市では、シニアを対象とした「農業者育成研修」を展開しており、新たに農業を始めるにあたり必要な農業経営手法を習得することを目的とした「農業技術研修」や、基本的な栽培方法や農業機械の使用方法を習得する「農業体験実習」を行っている。

6. ま と め

　新型コロナウィルスの感染拡大により、全国で求人が減少している。岡山県も例外ではなく、2020年2月以降、高年齢者の就職実績は9カ月連続のマイナス（前年同月比）となっている。特に、パートタイムでの落ち込みが大きく、高齢者の雇用環境は悪化している。

　しかし、瀬戸内市が重点業種と位置付ける4分野（医療・福祉業、建設業、小売・卸売業、農業）は、有効求人倍率が依然として高い水準を維持しており、人手不足の状況にある。高齢者とのマッチングを強化するためにも、高齢者雇用に消極的な事業所の意識改革が必要である。高齢者でも可能な仕事の切り出しを行う等の、未経験者でもチャレンジしやすい環境を整備することが有効だと考えられる。

　瀬戸内市では、「ゆめワークせとうち」を通じた就労の相談、高齢者スキルアップのための講座を複数用意し、シニア採用に前向きな企業とのマッチングを行っているが、求職者の増加に求人が追い付いていない。シルバー人材センターやボランティア等のように、高齢者の活躍の場を雇用に限定することなく、様々な形で活躍できる環境を併せて検討していく必要がある。

謝　辞

　本研究は岡山商科大学学内公募資金の助成を受けたものです。

　アンケートを実施するにあたって、瀬戸内市保健福祉部いきいき長寿課・総合政策部企画振興課、瀬戸内市商工会議所の協力を得た。アンケートに回答して下さった、瀬戸内市の皆様に心から感謝します。本当にありがとうございました。

　また、調査にあたり岡山商科大学経済学部の佐々木昭洋先生、田中勝次先生、三谷直紀先生には多大な協力を頂きました。ここに感謝の意を表します。

文　献

厚生労働省（2019）「生涯現役促進地域連携事業（令和2年度開始分）連携推進コース応募団体を決定採択団体事業概要（連携推進コース）」

國光類・佐々木昭洋・田中勝次・三谷直紀（2019）「地域の高齢者就業 ― 瀬戸内市『高齢期のくらしと仕事に関する調査』から」『岡山商大論叢』55（2）、25-44

瀬戸内市（2015）「瀬戸内市の人口推計平成27年〜平成47年」

瀬戸内市・岡山商科大学「高齢期のくらしと仕事に関する意識調査〈報告書〉」、
　https://www.city.setouchi.lg.jp/ikkrwebBrowse/material/files/group/25/sigotochousa.pdf（最終閲覧2020年11月1日）

瀬戸内市・岡山商科大学「高齢者の雇用に関する調査〈報告書〉」、
　https://www.city.setouchi.lg.jp/ikkrwebBrowse/material/files/group/25/koyouchousa.pdf（最終閲覧2020年11月1日）

瀬戸内市「瀬戸内市地域農業再生協議会水田フル活用ビジョン」（最終閲覧2020年11月1日）

瀬戸内市「人・農地プラン」（最終閲覧2020年11月1日）

瀬戸内市（2019）「生涯現役促進地域連携事業（令和2年度開始分）連携推進コース事業構想提案者」

注

1) 國光・佐々木・田中・三谷（2019）pp.31-37. を参照。
2) 総務省「労働力調査（基本集計）平成30年（2018年）10月分」
3) ①相談窓口業務、②マッチング支援業務、③就労（卸・小売）開拓、④スキルアップ事業、⑤仕事体験会事業、⑥農業者育成事業、⑦総合支援事業
4) 「瀬戸内市の人口推計平成27年〜平成47年」（2015）を参照。
5) 岡山県労働局「職業別（常用）有効求人・求職の状況（令和2年10月分）」を参照。
6) 「2025年に向けた介護人材の確保〜量と質の好循環の確立に向けて」（2015）を参照。
7) 「三重県　介護助手導入実施マニュアル」（2019）を参照。
8) 「瀬戸内市地域農業再生協議会水田フル活用ビジョン」を参照。
9) 「人・農地プラン」を参照。

（國光　類）

第 **9** 章

地域内の経済循環の分析・考察 [1) 2) 3)]
― 地域経済におけるものづくりの基盤となる
組織能力を構成する小集団改善活動の有効性 ―

1. 研 究 目 的

　岡山のものづくりの活性化が、地域社会・経済において、高付加価値、雇用の面からの重要であると考えられる。本研究では地域のものづくり力の基盤を構成する小集団活動の状況について、岡山県内の企業およびQCサークル中国・四国支部岡山地区などを中心に調査した。なお、資料収集・ヒアリング調査を含め、本研究の基礎を築くこととした。

　ものづくりの基礎として、岡山県庁（2020）が公表した「平成29年度岡山県県民経済計算について」によると、県内総生産で名目7兆8,132億円、実質7兆5,023億円であった。また、製造業などの増加により対前年比、名目1,766億円、実質1,585億円増であった。このうち製造業は7.5％増であった。

　ものづくりという一つの視点から、岡山県庁（2019）の「工業統計調査結果表2019年工業統計調査結果確報」（令和2年3月24日公表）では、製造品出荷額等について平成29年は7,603,182（百万円）、平成30年は8,354,250（百万円）であり、対前年比109.9である。このことより、“ものづくり”県として、優位性を持つ岡山の特徴があることが示唆される。このものづくり力の基盤が岡山県の製造業、農業、水産業をはじめ、サービス産業における顧客志向に大きく影響していることが推測される。

　以上をもとに、ものづくり力の構成要素の一部である小集団活動の有効性を調査することは重要であると考えられる。

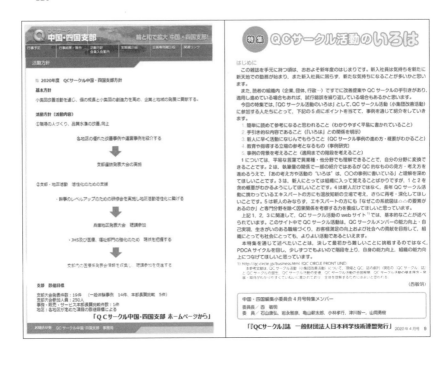

2. ヒアリングの実施地域・調査方法

（1） 実施地域

　QC サークル岡山地区幹事会社の中から依頼し、快諾の得られた組織とベンチマークのため一部他地域の組織、他地域の行政組織も加えた。ヒアリングの実施により、小集団活動の状況及びその周辺について調査し、基礎的研究とした。次の（2）においてはヒアリングで得られた組織の要約を記載する。

（2） 企業・行政組織のヒアリングの要約による各組織の活動状況と考察

　「大学と地域」（2020）においては、以下の 6 組織のヒアリングについて述べた。

1)　JFE スチール株式会社西日本製鉄所倉敷地区（鉄鋼）
2)　三菱自動車工業（株）水島製作所（自動車）

3)　（株）岡山村田製作所（電子部品メーカー）

4)　両備グループ人財育成センター

5)　倉敷市役所

6)　つやま産業支援センター内「津山圏域改善活動委員会」

ついで、ヒアリング状況から、組織能力像の重点指向的構成要素として以下の5点にまとめた。

①　削減・生産性も重要であるが、人材育成が基礎的体力と捉えること

②　コスト削減を重視して、その上で実施すること

③　行政でのPDCAや効果の評価は外部評価として重要なこと

④　トップ（首脳部）の視点・関わりが重要であること

⑤　モチベーションアップの継続性が重要であること

　これを踏まえ、以降、比較検討することとした。

3.　実態調査アンケート

　岡山を中心とした地域に、「組織における改善活動に関する調査」のアンケートを実施した。調査項目はQCサークル本部［編］（2014）を参考にアンケート項目を作成した。対象とする組織抽出は、瀬戸内海経済レポート（2018）の「2018年度版　岡山企業年報」に付属しているCD-ROM版のデータベースをもとに、従業員50人以上の企業・組織を対象にE-mailアドレスに送付した（396社）。さらにQCサークル中国・四国支部の組織に86社に送付し、合計50社から回答を頂戴した（回収率約10.4%）。使用するソフトウェアとして、KH Coder（http://khcoder. net/）をもとに共起ネットワーク解析を行った。結果として、「研修・教育」と「改善活動の重要性」は課題構造およびネットワーク構造が異なることが示唆された。今後の研究としては、この構造から層別した仮説検証が必要なことが示唆された。さらに行政内の取組みについて比較検討することとした。

4. 行政におけるカテゴリカルデータについて [4)]

3. での考察から、構造に対して層別した仮説検証が必要なことが示唆された。行政内の取組み積極的に改善活動を推進していることから比較検討することとした。岡山県庁の HP より業務改善活動の一つとして「ひとり 1 改善活動」について、取組み成果について、KH Coder により共起ネットワーク分析と、クラスター分析を行い、図9-1と図9-2-①、②の結果が得られた[5)]。クラスターからは、改善活動に関わる管理技術と固有技術の分離や、行政組織により改善活動の違いについて検討した。

図9-1 および図9-2 より、提案、業務、運動、県民、職場のそれぞれのキー

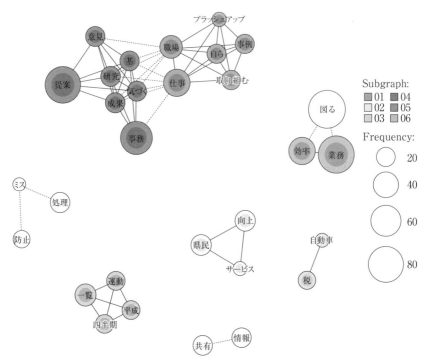

図9-1　岡山県庁　データ補正版（補正内容：表彰と内容の用語をマスクし解析）

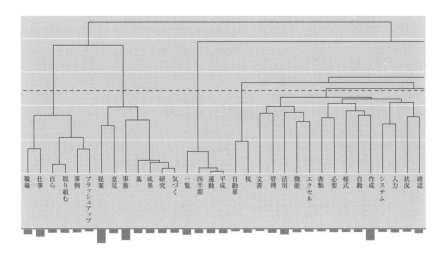

図 9-2- ①

　ワードから、「ひとり１改善活動」とは身近な共通的な狭い範囲かと思われたが、対象範囲は広範な業務改善をしており、クラスターからは提案、作成（資料）、改善、業務のカテゴリーがそれぞれのクラスターとなっている。このことから、改善活動を進めるとき、カテゴリーごとのキーワードをチェックすることで、各層のあるべき姿のチェックへと繋がり、改善活動のレベルが向上するものと思われる。なお、ブラッシュアップ、提案は他のカテゴリーとは別であり、対象となるモノ・コトに対して、クラスター・分岐が多いことから多面性を考えた改善活動を示唆している。またこれが基礎となり組織として問題解決のプロセスに係る多面的視点からの選定や、表彰プロセスから仕組みとしての"改善の集団"を構成しているとも考えられる。

　次いで、備前市役所（2020）「職員提案制度」ではHPに内容について詳細に明記されているともに、掲示している電子ファイルには個人か代表かとともに提案件名および採否等も書かれており、改善の有効性を提示している点はすばらしい。さらに備前市役所の提案活動について、分析をしたところ、提案やアイデアのキーワードがあることは次への改善への継続性を示唆している。し

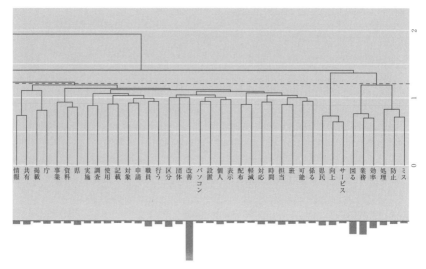

図 9-2- ②　岡山県庁　データ補正版（補正内容：表彰と内容の用語をマスクし解析）

かしながら、事例については多様になっているため、対象となる固有技術が特徴として出ているように、共起ネットワークについて大きなサークルとなっていないことが示唆された（図 9-3）。

5. 岡山県外の組織におけるベンチマークによる活動状況と考察

「大学と地域」（2020）では、岡山県内についてのヒアリングであるが、下記に他地域の福山市役所、アイシン精機株式会社について述べる。

（1）　行政関係：福山市役所 [6]
　福山市役所の職場改善運動に関する「ふくやまアクション」の資料より構成している。
　2002 年度（平成 14 年度）から「ワンステップアップ運動」を開始し、2005 年度（平成 17 年度）より個人やグループでの提案もできることとした。さらに、2014 年度（平成 26 年度）よりファンクショナルアプローチ（FA）の考

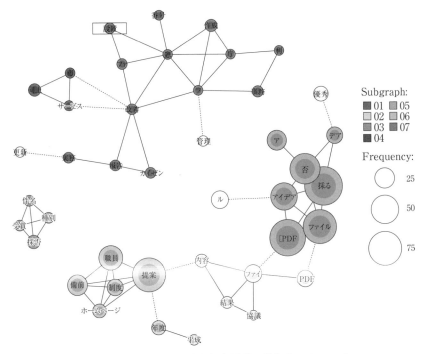

図 9-3　備前市役所の職員提案活動の共起ネットワーク

え方を取入れた。2015 年度（平成 27 年度）から「ワンステップアップ運動」
に FA の実践取組みである「TRY the FA」と、建設局で取り組んできた VE
によるワークショップの取組みを一体化し、新たに「ふくやまアクション」と
して実施した。

　取組み内容としては、次の 6 点を中心としている。

1）　事務事業の再構築につながるもの

2）　事務能率の向上や、コストの縮減、増収につながるもの

3）　市民サービスの向上に役立つもの

4）　働きやすい職場環境の形成に役立つもの

5）　職員の意識改革につながるもの

6）　その他行政全般において効果が期待できるもの

　実施方法の流れとしては、下記 4 項目であり、提案件数推移は、2011 年

度180件、2012年度166件、2013年度148件、2014年度160件、2015年度182件、2016年度164件、2017年度168件である。

1) 職場、複数の職場、個人またはグループは、取組み内容について検討し、目標等を報告（5月末 *2017年度は6月末）

2) 改善案を決定して取組み（6月〜10月）

3) 取組みの経過や目標達成状況等を報告（10月末）

4) 評価委員会が優秀であると認めた取組みを公表し、特に優秀なものについては表彰

以上のことから行政としての日頃からの取組みで、改善活動の優位性を示していることがわかる。さらに行政組織間において、活動の比較をすることは重要であることが示唆される。

（2） アイシン精機株式会社[7]

アイシン精機（株）では、以下の要点にまとめられる。

1964年において4サークルからスタートし、「誇りある活動」として54年継続している。2018年度において、国内1,214サークル、海外1,394サークルが活発に活動している。

主な取組みとしては、8点があげられる。

1) 工場一斉サークル会合開催（'05）

2) サークル巡回支援（'08）

3) QCサークルアセッサー育成（'15）

4) 教育体系の充実（'06）

5) 創意工夫展示会の開催（'08）⇒からくり改善コンクール開催（'16）

6) グローバルQCC大会の開催（'05）

7) 管理者発表会の開催（'06）

8) スタッフサークル発表会の開催（'12）

単にQCサークルを実施するだけでなく、活発なサークルと低調なサークルの比較検討実施により成長および人材育成を促進している点は優位性が高い。上記3）のQCサークルアセッサーの育成による的確な育成を実施し、人材育

表 9-1　小集団活動推進における重要性のクロス図

機能 組織名	自主参加	表彰 (報奨金)	事務局 の関与	問題解決の 対象の水準	社会の 要請・ 使命	自社の 品質向上	人材育成・ 人事	特徴	教育体制の 水平展開	独自の 教育体制	外部発表 への参加	参加の 必要性
組織												

成とともに能力開発の醸成および組織風土がある。このことは、修正、アドバイスにより、活動の活性化と人材育成を進め、問題解決能力の深化の充実を組織として認識している点はすばらしい。

社内活動、社外活動（QCC 東海支部・愛知地区）、オールアイシン等による発表の機会を増やし、他流試合や他の活動成果・プロセスを勉強し、各自の成長を継続的に推進している。さらに創意工夫提案活動による改善と現場の活性化も充実しており、活動の分析を常に行い、より良い活動のために事務局は常に PDCA を回している。

グローバルに展開しているアイシン精機（株）での QC サークル活動の充実は、多くの示唆に富むところが多く、常に他組織との比較を行い、成長していく仕組みが組織には必要であることが考えられる。

以上のことから、表9-1 のように、小集団における重要性のクロス表より、機能として、自主参加、表彰（報奨金）、事務局の関与、問題解決の対象の水準、社会の要請・使命、自社の品質向上、人材育成・人事、特徴、教育体制の水平展開、独自の教育体制、外部発表への参加、参加の必要性の視点から特徴をつかむ必要性を提示している[8]。

6. 本研究での考察

結果として、組織における小集団活動は生産性や効率性を期待するものの、人（ひと）の現場力向上や意識改革の人材育成の観点から重要であることが明確になった。アンケート調査では、効果は重視していると同時に、人材育成の役割が大きいという結果も得られ、さらに小集団活動の継続性に重点を置く、首脳部の関与が重要であることが示唆された。

次に行政の役割について調査したところ、行政の対象となる県民や市民に対する活動と、組織内の業務改善、ここでは県民や市民に対する行政サービス運営や背景に関連する組織能力向上を推進していることが示唆された。

岡山県内の行政組織（県庁、市役所、町役場、村役場）について HP より調

査した結果、28行政中、4行政（岡山県庁、岡山市、倉敷市、備前市）において業務改善活動が観られ、行政間で一致している部分もあるが、組織独自の風土に根ざした活動であることが示唆されたことは特徴であり、常に比較検討することで、有効性はあると考えられる。

周辺研究について、泉井・宮下（2001）は、数量化Ｉ類の適用により、小集団活動における集団規範の規定要因に関する実証研究として、アンケート項目を分類し、モデル構築を行い、結果系に対する要因系の考量すべき要因について考察を行っている。本研究では、言語構造としてどのように関係性や共通性を有効性の観点から"見える化"することを提示している。これは提案事項の一里塚として、さらには留意点として、解析結果の簡易化とも関連している。

2019年度として調査研究した結果、さらに「第9回QCサークル活動（小集団改善活動）実態調査」（2018）をふまえ、2017年度と2018年度をあわせて以下に進め方の概要を提案する。しかしながら、今後、検証や頑健性、分野ごとの摺り合わせも必要と思われる。

小集団提案活動の提案事項の進め方として、以下の4つを考える。

① 初めての場合：個人提案から組織内の小グループでの改善活動を推進する。

② 組織の大きさを考慮して比較的大きなテーマの設定から③に結び付ける。

③ 組織において、CFT（Cross Functional Team）を考えてテーマを設定する。

④ ①と②をすすめたときのバランスと考量すべき事項を検討する。

さらに、岡山県庁、備前市役所、企業組織のアンケートにあるように、従来の言語データ分析[9]に加え、「共起ネットワーク」「自己組織化マップ」「層別クラスター分析」の結果を参照する。昨今、データサイエンスのことが言われているが、自組織との比較の際には、共起ネットワーク分析とクラスター分析は有用性が高い。

結果参照は、キーワード比較を行い、充実すべき箇所、削除すべき箇所、規

表 9-2　小集団活動推進チェック表（簡易版）

小集団改善活動　推進チェック表

チェック項目	項目（順番にチェック）
☐	さまざまな削減
☐	生産性
☐	人材育成
☐	コスト削減
☐	外部評価
☐	トップの関わり
☐	モチベーション
☐	継続性
☐	個人
☐	グループ
☐	テーマが大きい
☐	テーマが CFT の要素がある
☐	統計分析
☐	充実すべき箇所
☐	削除すべき箇所
☐	規定類整備
☐	教育
☐	自組織との比較
☐	抽出
☐	上記の漏れはないか？
	2020 年 3 月 28 日 Ver1.0

　定類整備、教育について、自組織と比較し、抽出し、①と②を推進する。なお、表 9-2 に示すように推進チェック表により、チェックすることともに、定性的な評価から、1 から 5 段階、さらには定性的・定量的なレベル表により因子分析、主成分分析、数量化理論により、ポジショニングし、あるべき姿の探索を行い、組織内の改善活動の向上を目指すことが重要である。

　次いで組織内、グループ内、地域内、全国大会や国際 QC サークル大会（ICQCC、International Convention On Quality Control Circles）での発表

によりPDCAとSDCAを回すことで組織内の活性化をすることが重要である。

謝　辞

　本調査において、ヒアリング並びにアンケートにご回答いただいた組織の皆様方に心より感謝申し上げます。また、QCサークル本部事務局に、本調査を実施するにあたり、全国アンケートに関する情報・資料並びに、企業や行政の動向やご意見賜り、心より感謝申し上げます。

文　献

QCサークル本部編（2014）「新しい価値を生み出すQCサークル活動（小集団改善活動）をさぐる ― 第8回QCサークル活動（小集団改善活動）実態調査から」『品質月間テキスト』407、3-85

QCサークル本部編（2018）「第9回QCサークル活動（小集団改善活動）の全国実態調査」『品質月間テキスト』435、3-77

瀬戸内海経済レポート（2018）『2018年度版　岡山企業年報』、（株）瀬戸内海経済レポート

日本経営システム学会編、泉井力　宮下彬（2001）「21世紀の経営システム」「第5章　小集団活動における集団規範の規定要因に関する実証研究」、東方出版（株）、107-125

福山市役所（2018）「ふくやまアクションについて」

参考URL

岡山県庁「平成29年度岡山県県民経済計算の概要」2020

　〈https://www.pref.okayama.jp/page/detail-45495.htm,

　https://www.pref.okayama.jp/uploaded/life/672751_5909786_misc.pdf

　（最終確認日2020年7月28日閲覧）〉

岡山県庁「工業統計調査結果表　2019年工業統計調査結果確報（令和2年7月27日公表）調査結果の概要」2019

　〈https://www.pref.okayama.jp/page/267746.html

　https://www.pref.okayama.jp/uploaded/life/672783_5910623_misc.pdf

　（最終確認日2020年7月28日閲覧）〉

岡山市役所「岡山市業務改善に関する規定」2016

　〈https://www.city.okayama.jp/shisei/0000004220.html

　https://www.city.okayama.jp/shisei/cmsfiles/contents/0000004/4220/000366341.pdf

　（最終確認日2020年7月30日閲覧）〉

解析使用ソフトウェア「KH Coder」〈 http://khcoder.net/ （最終確認日2020年7月30日）〉

備前市役所「職員提案制度」2020

　〈https://www.city.bizen.okayama.jp/soshiki/6/600.html 最終確認日2020年7月30日）〉

注

1) 本章は、3年間の研究調査について執筆しており、2018年度までの報告で執筆した「大学と地域」第Ⅱ部第7章において執筆した内容と重複している箇所を含む。

2) 本章の題名の中で「小集団」と書いている。組織により「QCサークル」と述べている組織もある。両用語とも本章では同じ趣旨とする。なお、組織体により内容について区別する場合もあるが本章では組織の定義に基づく成り立ちであり、頁数の関係上、省略する。

3) 本章において、各組織について概要を述べることを含む。

4) 岡山市役所において、岡山市の業務改善として、「岡山市業務改善に関する規定」（https://www.city.okayama.jp/shisei/0000004220.html）があり、組織内で業務改善を推進しているが、事例の資料については現行の運用では対外的に公表しているものではないため、本稿には入れていない。

5) 図9-1、図9-2について、当初、共起ネットワークと、クラスター分析をしたが、表彰およびその内容のカテゴリーが出た。しかし、本研究の立場上、固有技術の中身ではなく、カテゴリー分類やクラスターの構成を考察するため、解析から表彰と内容の用語をマスクし、解析をした。さらに図9-3を含め出力された用語について、小さいサークルやキーワードの一部のみ掲載で、用語の意味が不明の場合、解析不能として無視することとした。これは解析後の加工をしないためであり、留意のため、ここに記す。

6) 2019年3月11日時点

7) 2019年3月11日時点

8) 表9-1は「大学と地域」（2020）を含め、ヒアリングした組織に入れているが組織外秘の事項もあることからイメージとした。なお、これをもとに自組織と他組織との比較を行うことで、進むべき方向性は示唆するものと考えられるが、さらに検証が必要である。

9) ここでの言語データ分析は新QC七つ道具の適用、例えば、親和図、連関図などを考える。

（西　敏明）

第10章
地域特性のモデル化手法に関する研究

1. はじめに

　最近の傾向として、大学の地域連携では学生が地域活動に参加し、地域の方々と意見交換、地域資源の活用に関する商品開発、観光振興に関する発想、地域行事の支援等による地域活性化活動を行っている [1], [2]。 また、2017 年度から 2019 年度文部科学省私立大学研究ブランディング事業に採択され、本学と包括協定を締結している 8 市町村をプラットホームとし、地域の方々と同じ目線で協働して問題解決をする「寄り添い型研究」を実施した [3], [4]。これらの活動において、地域からの依頼に対応して希望学生を派遣しているが、学生を地域に出すためには、大学として統一した考え方で対応していく必要があるのではと考えるようになった。

　そこで、学生が地域活動に参加している状況を調査すると、ほとんどの活動では依頼者への活動報告をすることで活動が終わり、大学側へのフィードバックは、なされていないことが明らかになった。せっかく、学生たちが地域の活動に参加する機会をいただいているので、大学として、統一的な手法で参加学生の視点から地域特性を明らかにし、地域間の共通性、異質性を解明し、地域への提案までもできればと考え、地域特性モデル化手法を提案する [5], [6]。

　なお、研究ブランディング事業での学生参画の地域活動については、各研究グループでまとめられるので、産学官連携センターで所掌している地域活動に参加した 3 地域での活動について学生のアンケート調査を実施、分析し提案手

法の有効性を検証している。

2. 地域特性のモデル化手法

（1） アンケート項目について

　学生、教員が地域の活動に参加し、アンケート調査から地域の特色を明らかにするための手法について提案する。

　一般には、地域に行く前に、教員、地域の方から大学などで、パンフレット、資料、PPT 等を使用して、地域の特徴、学生が参加する活動の目的、予定についての事前説明が行われる。そして、後日、地域での活動に参加し、学生は、地域の機関への活動報告、時には報告会での発表で終わることになる。

　産学官連携センターでは、地域と連携活動に参加する教職員、学生との間の活動の調整、実施が主な仕事であるので、活動に参加した学生による本学が目的とする地域特性の明確化のためのアンケート調査を実施し、地域間の比較のできる手法について考察を行う。

　質問項目は、活動目的は変わっても、学生の地域に対する関心事項のうちで、どの地域でも共通な質問項目と、事前説明会、事後のまとめなどで異なる内容の質問項目とに区分する。

　共通の質問項目は、選択肢から選ぶ形式にし、選択肢は、経営資源の基本要素を考慮した名称とする。なお、選択肢が多くなることを避けるために、地域や、活動目的が異なることによる違いは、選択肢ごとに説明をする説明事項で示すことにする。同じ選択肢を選んだ学生でも、説明事項が違うこと、あるいは自分で感じた事項については、記述式の回答を付けることにより説明させる。選択肢を含む質問項目は、選択式回答と選択肢を選んだ理由を書く記述式回答にしている。アンケートは Web 形式で実施するので、記述式の回答もすぐに分析手法を適用することができる。

　1） 選択肢の経営資源分類

　選択肢の分類は、経営資源の基本要素を基準にして、地域活動で学生が目にする、耳にすることを、基本要素「ヒト、モノ、カネ、情報」に区分し、選択

肢を以下のように決めている[7]。

① 「モノ」の選択肢として、自然環境である田んぼや畑、自然（山、川、渓谷など）、街の景観を構成する建築物、地域の農産物、特産品・加工品等とする。

② 「カネ」の選択肢として、地域を支える産業で示し、農林水産業、工業、第3次産業（サービス業）とする。

③「情報」の選択肢として、地域の「文化」、地域住民の「生活」とする。

④ 「ヒト」の選択肢として、「人の組織」、地域外の人との交流で、地域外の人が地域住民の対応態度に関する事項を「地域外交流」で示すことにする。なお「人の組織」の説明事項は「地域住民」とする。

特に活動の中心となっている地域の方々については、記述式回答の質問項目を準備しており、記載されている方々は、選択肢に対応して記述欄を設けて記入している。

2）選択肢の説明事項

上記の選択肢について、回答者に具体的にその内容を伝えるために、説明事項を選定する。

① モノに関する説明事項

　i 「田んぼや畑」は、説明事項はなしとする。しかし回答者がこの選択肢を選んだ時には、記述式の回答に事項が書かれていれば、それを説明事項とする。

　ii 「自然」の説明事項は、山、川、渓谷を基本とし、記述式回答に書かれた事項を説明事項に追加する。

　iii 「建造物」の基本の説明事項は、お寺や神社、民家、近代建築とする。産業遺産がある場合には、これに追加する。

　　「農産品・名産品」の基本の説明項目は、お米、酒、牛肉などとする。

② カネに関する説明事項

　「産業」の基本の説明事項は、農林水産業、製造業、第3次産業とする。特に地域では農林水産業では農業、酪農、養殖等、そして、地域の資源を観光資源として地域外の方々に見せる、体験する、宿泊することを考えている

ので第3次産業の説明事項として「サービス業」とする。

③ 「ヒト」の基本の説明事項は、選択肢「地域外交流」では、「優しい、話がしやすい」等とする。

以上の選択肢と説明項目は、基本的には上記のものであるが、地域、活動、目的によって追加できるようにしている。

（2） アンケートの内容

参加する活動の行われる地域、目的、内容が異なるので、アンケート調査では、選択肢のある質問項目に対して、なぜその選択肢を選んだかの記述式の回答も設定して、選択肢の具体的な内容を明らかにすることにする。また、アンケートは、実施前の研修会・説明会、現地調査を行った日々で行うことにする。

基本の質問項目は、この活動に参加する目的、活動により地域での知りたいこと・知ったこと、今後参加したい地域での活動、そして調査の最後の日には、記述式の追加質問項目を設定している。

1） 研修会・説明会での事前アンケート調査項目

活動への参加前に実施される研修会・説明会を受講した後で、アンケート調査を行う。調査項目は、なぜこの活動に参加したかの理由（記述式）、地域の自然環境、街並み、産業構造について、選択肢と記述式で回答を求めている。現地に行ったときに見たい、体験したいことについて選択肢と記述式で回答を求めている。また、この活動に参加して何を知りたいのかを記述式で回答を求めている。

① 事前の質問項目

　　i　この活動に参加しようと思った理由を書いてください。（記述式回答）

② 基本となる質問項目

　　i　活動が行われる地域の風景について、 どんなものがあるだろうと予想しますか？

　　（選択肢回答） 複数回答可。その他は自由記述。 当てはまるものをすべて選択してください。

　　□田んぼや畑　　　　　　　□自然（山、川、渓谷など）

　　□産業（農林水産業、工業、第3次産業（観光地、飲食店）、醸造場など）

□建造物（お寺や神社、民家、橋、産業迫産など）

□その他

ii　上記にチェックを入れた理由を書いてください。（記述式回答）

iii　見てみたい、体験したい取組みはありますか？（選択肢回答）

複数回答可。その他は自由記述。当てはまるものをすべて選択してください。

□地元の 農作物や魚・肉など（特色ある事項）

□自然（特色ある事項）　　　　□文化体験（特色ある事項）

□産業遺産（特色ある事項）　　□名産品・加工品（特色ある事項など）

□その他

iv　上記にチェックを入れた理由を書いてください。（記述回答）

③　事後の質問項目

i　活動に参加して何を知りたいですか？（記述回答）

以上の項目の中で、地域名、活動名は具体的な名称で記述する。また、（iii）の見てみたい、体験したいことの選択肢については、それぞれの活動に関係する特色ある事項を、事前に調査して記述する。

2）現地活動でのアンケート調査項目

基本的には、事前のアンケート調査項目（iii）の内容は同じにする。現地活動が継続する場合、日々の活動の振り返り、活動での提案を含めた質問項目を追加している。

次の日に備えての質問項目を追加する（いずれも記述式回答）。

①　今日の活動について、特色のある組織や中心になって動いている人物を記入してください。分かる範囲で良いので、「組織名」「人物名」「取組内容」と項目に分けて書いてください（振り返りを考える際のメモとしても使えます）。

なければ「特になし」と記入のこと。

②　今日の活動を手伝う中で気付いた提案・問題点・改善点等があれば書いてください。

③　今日の体験を終えて、気付いたこと・学んだことを書いてください。

3. アンケート結果に基づく活動の内容のモデル化

1) アンケート項目における選択肢に含まれる地域の特色ある説明事項

地域の活動に参加し、特色ある地域の風景、見てみたい・体験したい取組みのそれぞれの選択肢には、活動に関係する地域の特色ある事項を具体的に説明事項として示すことにする。各地域の活動の特長は、アンケート項目の選択肢に表示する特色ある事項の一覧を作成することにより、地域での活動間の比較が可能になる。

2) モデル化のための経営資源分類の選択肢と記述式回答の文章との関係

アンケート調査での選択肢回答、記述式回答により得られた地域活動の状況を主として回答文の語彙から定量化するために、以下の分析を行う。

① 記述式回答に含まれる語彙の種類、その発生頻度は、語彙分布で集計する。

② 経営資源で分類した選択肢・説明事項には、記述式回答文を対応させてる。また、選択肢に関して特に地域で活動をしている者が回答文に記載されている場合には、特定の者の欄に所属を含めて記載する。

③ 選択肢及び選択肢間の関係は、選択肢を基準にしたテキストマイニングの共起ネットワークの結果である語彙の関係から示すことにする[8), 9)]。

④ 共起ネットワーク分析[10)]の結果は、語彙と選択肢との間を直線で示しているが、語彙が多くなると説明ができにくくなるため、電気、電子回路図[11)]に示す直線と結合点を黒丸で示す共起ネットワーク回路図を考案し示すことにする。

⑤ また、1つの選択肢につながっている語彙群、複数の選択肢につながっている語彙群を示すために、語彙・選択肢関連表を作成する。

⑥ 経営資源で分類する選択肢について、特に「カネ」の産業に関する選択肢については、アンケート調査では、学生の地域の産業状況については知識が少ないため、アンケート調査項目には選択肢とし明確な

表示をしてないことが多い。そこでアンケート調査の記述式回答文の中から、観光、宿泊、イベント等現状では産業に分類できないかもしれないが、将来地域の産業として発展することを見込んで、第3次産業のサービス業（観光、イベント、宿泊等）で示すことにする。経営資源で分類した選択肢、説明事項を経営資源・選択肢分類表とし表10-1に示している。

表10-1　アンケート調査において基本とする経営資源、選択肢、説明事項（例）

経営資源の要素	選択肢	説明事項	
		基本	追加
ヒト	人の組織	地域住民	地域の特色ある説明事項
ヒト	地域外交流	一緒に作業する外部の人への態度（優しい、話がしやすい）	地域の特色ある説明事項
モノ	自然1	山、川、たんぼ、畑、渓谷	地域の特色ある説明事項
モノ	自然2	温泉	地域の特色ある説明事項
モノ	建造物	お寺、神社、民家	地域の特色ある説明事項
モノ	産業遺産		地域の特色ある説明事項
モノ	農産品	米、野菜、果物、魚、肉	地域の特色ある説明事項
モノ	名産品	お酒、陶器、料理	地域の特色ある説明事項
カネ	農林水産業	農業、酪農、養殖	地域の特色ある説明事項
カネ	工業	工業	地域の特色ある説明事項
カネ	第3次産業	サービス業	地域の特色ある説明事項
情報	文化	お祭り、芸能	地域の特色ある説明事項
情報	生活	暮らし、過疎・過密	地域の特色ある説明事項

4. 分析結果と考察

地域活動に参加した3か所の地域の特色を提案した手法により明らかにする。

（1）岡山県高梁市備中町（写真10-1）

岡山県備中県民局からの「人づくり・地域づくり応援隊事業学生募集」のチラシを学内に掲示し、参加を募った結果、本学から4名の学生の参加申し込みがあった。県民局は、これらの学生に対して、他大学の学生と共に事前研修を実施した。その後、3日間現地研修が行われ、本学からは、学生3名（留学生1名）、職員1名が参加した。その後、県民局では、プラン発表カンファレンス、事例発表が行われた。この活動に参加した学生に、本学で作成したアンケート調査を実施し、学生から見た地域特性を示すことにする。

1）質問項目における選択肢、説明事項について [12), 13), 14), 15)]

質問項目である「景色について、どんなものに気づきましたか」と「見てみたい、体験したい取組みはありますか」の選択肢は同じであり、説明事項が地域によって変化する。

備中町での選択肢と説明事項は、パンフレット、HP を基に以下としている。

写真 10-1　岡山県高梁市備中町　渡り拍子への
　　　　　参加風景

　　モノ　農産品　トマト、ブドウ、備中牛等

　　　　　自然　　キャンプ、フリークライミング

　　　　　名産品　日本酒、焼酎、漆カレー

　　カネ　農林水産業　　農業

　　情報　文化　　渡り拍子、神楽

　　　　　生活　　過疎

　備中町の最も大きな特徴は、「情報」の文化に含まれる神楽、渡り拍子である。このような地域において、学生が地域を見た後で、どのように感じ、何が印象に残ったのかを表 10-2 の語彙・選択肢関連表、図 10-1 の共起ネットワーク回路図で示すことにする。

　2）　経営資源、選択肢の語彙から示される地域の特色

　被検者数は 3 名と少ないが、語彙分布から、221 語が抽出され、その内発生回数 2 回以上が 52 語であり、それらを使用して以下の分析を行った。

　①　「ヒト」について

　　i　「人の組織」の「地域住民」については、全体的な交流が含まれていなかったのか、特徴のある語彙は示されなかった。

　　　「地域住民」と他の選択肢との間に示される 2 語彙「地域」「観光」は、いずれも「ヒト」の「地域外交流」との間、さらに語彙「観光」は「情報」の「文化」、語彙「地域」は「情報」の「生活」との間で示されており、学生たちは、「地域」のキーワードを「ヒト」、ヒトが生活をしている状況である「情報」について使用していることが示された。

　　ii　「地域外交流」については、留学生は、地域の人と「言葉」が「通じるか」が「不安」であるとの語彙が示されており、調査に参加しての不安要素が示されている。しかし、「情報」の「文化」との間の語彙「楽しむ」「面白い」「外国」は、外国人として文化が面白かったり、楽しんだりできたことを示している。また、「カネ」の「サービス業（観光）」との間の語彙「感じる」「来る」「外国」は、外国人として、フリークライミング、歴史のある施設には感じるところがあるので来るということを示している。

② 「モノ」については、「自然（山、川、田）」については「山」、「建造物」については「建物」、「農名産品」については「酒をのむ」、であり、特徴的なものは無いように思える。しかし、「モノ」の３選択肢の間の３語彙「観光」「資源」「売り出す」は、「モノ」の関連性を考慮して観光資源として売り出すようにすることが示されている。

③ 「カネ」である産業について

産業全体としては、産業らしきものが見えないが、活動を通して以下の内容のことが明らかになっている。

  i　「農業」では３語彙「酪農」「葉煙草」「栽培」が示されており、地域で話を聞いて学生たちが印象に残った語彙である。さらに、「情報」の「文化」との間の２語彙「ブドウ」「凄い」は、「ブドウ」の「栽培」農家は、昔「葉煙草」を栽培していたこと、その人が渡り拍子をしていたので「凄い」との関連性が示されている。

    「酪農」「ブドウの栽培」「ドジョウの養殖」は、生産者と直接話ができたことでの印象が強いことがうかがえる。農業で示しているが、酪農やドジョウの養殖が行われており、学生の目で見たり、話をして明らかになった事柄である。

  ii　「サービス業（観光）」では、自然を対象にした「キャンプ場」には管理者の方との話から、キャンプに来る人たちがいること、「フリークライミング」では、ペアで訪れる人が多い等の話が明らかになった。

  iii　「農業」と「サービス業（観光地）」の間では、３語彙「自然」「昔」「生かす」が示されていることから、自然、昔のものの活かし方を考えても良いであろう。

    農業、自然がそこにあるからではなく、そこで働いている者の仕事も一緒にして観光資源とすべき方向性が見える。

④ 情報について

  i　「文化」である「渡り拍子」、「神楽」は、岡山県でも有名な伝統文化であり、学生たちも当然強く印象付けられ、それらの語彙が示されたと考える。

ⅱ　「生活」である暮らし、過疎については、4語彙「交通」「不便」「集落」
「会社」が示されており、交通が不便であり、生活が大変ではないかと
思っていたが、1軒の店があったり、荷物を配達する会社があることを
住民の方から聞いて安心をしている。

3)　経営資源、選択肢間の語彙から示される地域の特色（表10-2、図10-1)
　　複数の選択肢に関係のある語彙について説明をすることにする。

①　「観光」の語彙は、「モノ」の3選択肢、「ヒト」の1選択肢、「カネ」の
　　1選択肢「サービス業」、「情報」の1選択肢「文化」の回答文に書かれて

表10-2　岡山県高梁市備中町における語彙・選択肢関連表

語　彙	選　択　肢　間	
感じる (2)、来る (2)	地域外交流	サービス業
面白い (2)	地域外交流	文化
多い (2)	建造物	サービス業
凄い (2)、ブドウ (2)	農業	文化
見える (2)	農業	産業
生かす (2)、自然 (4)	農業	サービス業
産業 (3)	産業	サービス業
一体 (2)	サービス業	文化

語　彙	選　択　肢　間			
地域 (4)	地域住民	地域外交流	生活	
人 (5)	地域外交流	農業	サービス業	
昔 (3)	建造物	農業	サービス業	
楽しむ (3)	地域外交流	農名産品	文化	
外国 (4)	地域外交流	サービス業	文化	
資源 (6)、売り出し (6)	自然	建造物	農名産品	文化
観光 (9)	地域住民、地域外交流、自然、建造物、農名産品、サービス業、文化			

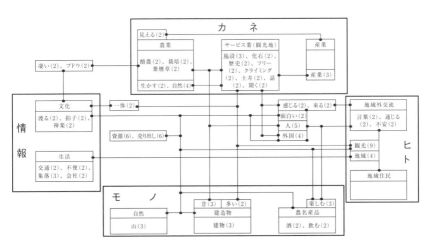

図10-1　岡山県高梁市備中町における経営資源の選択肢基準
による共起ネットワーク回路図

いるものであり、地域の資源、文化、サービス業、と経営資源を総動員した観光を考える必要性が示されている。今回の県民局の活動目的が地域の観光を目的にしていたのではと推測できる。

② 「自然」「生かす」の語彙は、「カネ」の2選択肢「農業」「サービス業」間における「自然を生かした」視点について示されている。

③ 「資源」「売り出す」の語彙は、「モノ」の3選択肢、「情報」の1選択肢「文化」の回答に書かれており、地域資源としてモノ、文化を一緒にして「売り出すこと」が示されている。

④ 「外国人」の語彙は、3選択肢「地域外交流」「文化」「サービス業」の回答文に書かれており、外国人の視点で地域を見た場合の、地域の面白さ、楽しさと、地域の人との交流の不安についてのことが示されている。

（2） 島根県仁多郡奥出雲町（写真10-2）

農林水産省が実施している「農泊」事業について、中国四国農政局と包括協定[16]を締結し、外国人の視点から地域を考える「農泊モニターツアー」に協力をしている。その一事業として、島根県仁多郡奥出雲町の調査に参加した。参加者は、学生10名（留学生）、教職員2名であった。2日間の調査であり、同じ質問項目からなるアンケート内容で調査を行った。表10-3の経営資源の

写真10-2　島根県仁多郡奥出雲町　牧場での
バター作り体験

選択肢での語彙群、表 10-4 の語彙・選択肢関連表を基に特色を説明する。

　1）　**質問項目における選択肢、説明事項について** [17), 18), 29), 20)]

　質問項目である「見てみたい、体験したい取り組みはありますか」の選択肢は同じであり、以下に奥出雲町での選択肢と説明事項を示している。

<table>
<tr><td>モノ</td><td>農産品</td><td>仁多米、茸、奥出雲和牛等</td></tr>
<tr><td></td><td>自然</td><td>鬼の舌震、温泉</td></tr>
<tr><td></td><td>名産品</td><td>お醤油、お豆腐、そば、日本酒</td></tr>
<tr><td></td><td>産業遺産</td><td>たたら跡、たたら角炉、鉄穴流し本場</td></tr>
<tr><td>カネ</td><td>産業</td><td>農林水産業、観光地、飲食店、醸造場</td></tr>
<tr><td>情報</td><td>文化</td><td>刀剣の鍛錬、お茶、トロッコ列車</td></tr>
<tr><td></td><td>生活</td><td></td></tr>
</table>

　奥出雲町の最も大きな特徴は、産業遺産としての鉄に関係する遺構、文化に含まれる刀剣の鍛錬、お茶、トロッコ列車である。この地域において、記述式回答文から抽出された語彙は 177 語であり、そのうち 71 語は出現頻度が 2 回以上であるあるので、学生が地域を見て、どのように感じ、何を表現しているのかを以下で説明する。

　2）　**経営資源、選択肢分類から示される地域の特色**（表 10-3）

　①　「ヒト」について

　　ⅰ　「人の組織」の「地域住民」では、全体的な交流が含まれていなかったのか、特徴のある語彙は示されていない。

　　ⅱ　「地域外交流」の学生との交流では、特に特徴のある語彙は示されていない。

　　　しかし、他の選択肢間では、6 語彙が示され「情報」の「文化」との間の 3 語彙「一緒」「旅行」「作る」、「生活」との間の 3 語彙「郷土」「料理」「楽しむ」と、地域の人に地域の文化、生活の話を聞いて地域外の留学生の心に残るものがある。また、「モノ」の「自然 1」との間の 1 語彙「関心」は、留学生から見ると大変良い自然環境であることが伺える。

　　ⅲ　「ヒト」の 2 選択肢間には、1 語彙「人」が示され、学生たちは一般

表10-3　島根県仁多郡奥出雲町における経営資源の選択肢での語彙群

経営資源	選択肢	説明事項	選択肢への回答語彙
ヒト	地域住民		×
	地域外交流		×
モノ	自然1	山・川　田畑	自然（14）、山・川（2）、畑（2）、道（2）、美しい（2）、きれい（5）
	自然2	温泉　奇石	温泉（5）、巨岩（2）、奇跡（2）、舌（2）、震（2）
	建造物		ダム（2）、建物（2）
	産業遺産	製鉄　たたら	製鉄（6）、山（2）、秋（3）、知恵（3）、トロッコ（3）、列車（3）、乗る（3）
	農産品		牛肉（2）、茸（2）
	名産品		酒（3）
カネ	農林業	酪農	牧場（4）、バター（3）、心（2）、残る（2）、素晴らしい（2）
	サービス業		×
情報	文化	お茶	お茶（2）、奥出雲（2）
	生活	暮らし	食べ物（4）、多い（2）、暮らし（2）、大変（2）

カッコ内は発生頻度数

　　的な語彙しか感じなかったことが推察できる。

② 「モノ」については

　　6つの選択肢について、いずれも多くの語彙が示されているので、選択肢ごとに説明をする（表10-4）。

　　ⅰ　「自然1（山・川、田畑）」については、6語彙「自然」「山・川」「畑」「道」「きれい」「美しい」が示され、奥出雲の自然を満喫した状況が伺える。

　　ⅱ　「自然2（温泉、奇岩）」については、5語彙「温泉」「巨岩」「舌」「震」「奇跡」が示され、説明事項と同じ語彙が書かれており、珍しさ、温泉気分を味わうことができたと考える。

　　ⅲ　「建造物」については、2語彙「ダム」「建物」であり、ダムを間近に

見た経験がなく、古い建物を見る機会も少ないので、印象が強く残っていることから、観光資源と考えても良いであろう。

iv 「産業遺産」については、鉄に関係する 2 語彙、「製鉄」「知恵」、トロッコ列車に関する 3 語彙「トロッコ」「列車」「乗る」、そして、トロッコ列車から見える 2 語彙「秋」「山」、と初めて体験した事柄が書かれている。留学生にとっては、これまでに経験のないことであり、印象的であったと考えられる。すなわちインバウンド対応の「モノ」としては、自然、産業遺産を基本にした体験観光が提案できる。

v 「農産品」については、2 語彙「牛肉」「茸」、「名産品」については、1 語彙「酒」であることから、食事のメニューとしては、牛肉、茸、等を使用した地域産品による料理にお酒を付けるとよいと考える。

③ 「カネ」である産業について

i 「農業」での農林業では、5 語彙「牧場」「バター」「心」「残る」「素晴らしい」であり、牧場の作業内容、製品としてのバターを試食して、素晴らしく、心に残っていることから、訪れる人の国によっての違いがあるかもしれないが、体験型農業としての取組みをしても良いと考えられる。

農業では、牧場に示されるように、そこで働いている者の仕事内容、製品を伝えることを含めて、観光資源とすべきではないかと感じた。

ii 「サービス業（民宿）」では、特定の語彙は示されていない。

④ 情報について

i 「文化」では、2 語彙「お茶」「奥出雲」であり、奥出雲の文化であるお茶には興味を示している。他の選択肢間での 1 語彙「体験」は、「カネ」の「農林業」、「モノ」の「自然 1（山・川、田畑）」と「自然 2（温泉、奇岩）」で示されており、いずれも体験をすることによって、良さを感じている。また 1 語彙「歴史」については、「カネ」の「サービス業」、「モノ」の「産業遺産」であり、歴史のある鉄に関係する文化、産業遺産について示されている。

ii 「生活」では、4 語彙「食べ物」「暮らし」「大変」「多い」であり、生

活の大変さと、食べ物が多いことが示されている。地域を訪れる留学生にとっては、生活は大変に見えるが、食べ物が手作りで、多いことには安心をしている。

3）経営資源、選択肢間に出てくる語彙から示される地域の特色（表10-4）

① 4語彙「体験」「日本」「地元」「楽しむ」は、それぞれ4選択肢の間で示されている。

　ⅰ　語彙「体験」は、「モノ」の「自然1（山・川、田畑）」「自然2（温泉、奇岩）」、「カネ」の「農林業」、「情報」の「文化（鉄、お茶）」に示されており、いずれも体験して初めてその良さ、美しさを感じることができるものであり、いずれも奥出雲を代表するものばかりである。

　ⅱ　語彙「日本」は、「モノ」の「建造物」「農産品」、「カネ」の「農林業」、「情報」の「生活」で示され、いずれも外国人から見れば、日本的なものであることがうかがえる。

　ⅲ　語彙「地元」は、「ヒト」の「地域住民」「地域外交流」、「カネ」の「サービス業（民宿）」、「情報」の「生活」で示され、地元の方々の生活の場を示している。

　ⅳ　語彙「楽しむ」は、「ヒト」の「地域外交流」、「カネ」の「農林業」「サービス業（民宿）」、そして「情報」の「生活」で示され、地域の人との交流のすべての場面で楽しんでいることが伺える。

② 6語彙「見る」「農家」「作る」「好き」「紅葉」「歴史」は、異なる経営資源要素の3選択肢の間で示されるものである。

　ⅰ　語彙「見る」は、「モノ」の「自然1（山・川、田畑）」「建造物」、「カネ」の「農林業」で示され、いずれも見ることによってはじめてその良さを認識できるものである。

　ⅱ　語彙「農家」は、「モノ」の「産業遺産」、「カネ」の「農林業」、「情報」の「生活」で示され、留学生には農家を主体とした地域の生活であるように感じたと考えられる。

　ⅲ　語彙「作る」は、「ヒト」の「地域外交流」、「モノ」の「自然2（温泉、奇岩）」、「情報」の「文化（鉄、お茶）」で示され、それぞれの選択肢

で作られているものに注目している。

iv　語彙「好き」は、「モノ」の「農産品」「名産品」、「情報」の「生活」
で示され、食べたり、生活を見て好きになったと考えられる。

v　語彙「紅葉」は、すべて「モノ」の 3 選択肢「自然 1」「自然 2」「建
造物」で示され、調査時期が秋であったことから自然の中での紅葉の
美しさを感じたと考えられる。時期によって見られる視点が変わると
考えられるので、地域資源の 4 季節での売り出し方について考える。

vi　語彙「歴史」は、「モノ」の「産業遺産」、「カネ」の「サービス業 (民
宿)」、「情報」の「文化 (お茶、刀剣の鍛錬)」で示され、いずれも歴史
を感じている。

③　「モノ」の 4 選択肢「自然 1 (山・川、田畑)」「自然 2 (温泉、奇岩)」「建
造物」「産業遺産」間で示される 5 語彙「紅葉」「景色」「綺麗」「惹く」「楽
しい」は、調査時期が秋であったこと、さらに景色として綺麗で、惹き
つけられ、楽しんだので、地域の自然についての印象が残ったものであ
る。時期によって見られる視点が変わると考えられるので、地域資源の 4
季節での売り出し方について考える。

④　「ヒト」と「情報」の間で示される 4 語彙「郷土」「料理」「旅行」「一緒」

表 10-4　島根県仁多郡奥出雲町における語彙・選択肢関連表

語　彙	選　択　肢　間	
人 (4)	地域住民	地域外交流
一緒 (2)、旅行 (2)	地域外交流	文化
郷土 (6)、料理 (4)	地域外交流	生活
感心 (3)	地域外交流	自然 1
景色 (16)	自然 1	自然 2
楽しい (4)	自然 1	産業遺産
惹く (3)	自然 2	建造物
文化 (6)、面白い (4)	自然 2	文化
綺麗 (4)	建造物	産業遺産
食べる (2)	農産品	生活
深い (2)	産業遺産	文化
勉強 (2)	農林業	サービス業
手作り (2)	農林業	生活

語　彙	選　択　肢　間	
作る (3)	地域外交流	観光 2	文化
歴史 (3)	産業遺産	サービス業	文化
農家 (3)	産業遺産	農林業	生活
好き (6)	農産品	名産品	生活
紅葉 (6)	自然 1	自然 2	建造物
見る (10)	自然 1	建造物	農林業

語　彙	選　択　肢　間			
体験 (12)	自然 1	自然 2	農林業	文化
楽しむ (6)	地域外交流	農林業	サービス業	生活
日本 (4)	建造物	農産品	農林業	生活
地元 (5)	地域住民	地域外交流	サービス業	生活

は、地域の方々の生活、文化を見たり、一緒に料理をして、留学生が特に感じたことが示されている。

⑤ 「情報」と「モノ」の間で示される4語彙「面白い」「文化」「食べる」「深い」は、それぞれ選択肢の組み合わせに違いがあり、お肉を食べたり、自然や文化が楽しかったり、文化や産業遺産の深みを示している。

（3） 岡山県真庭市旧北房町（写真10-3）

　岡山県真庭市とは包括協定[22]を締結し、蒜山地域、湯原温泉、社地区、北房地区における活動に学生、教職員が参加している。その一つである旧北房町では、中国四国農政局が推進する農泊事業としての活動を進めるとともに、それ以外の活動でも協力をしている。多くの学生が何回かの調査を真庭市旧北房町で実施しているので、（一社）北房観光協会が主催で開催される地域活性化イベントへの協力依頼があった[23], [24]。イベントは1日目がコスモス畑の跡地で開催する「真庭イルミネーション」、2日目が北房まちの駅を中心にした「北房まちの駅祭り」である。これらイベントには、町内、行政、地域外の方々が準備、運営に参加し、学生6名と教職員2名が参加した。アンケート項目は、他の例と同じである。

写真10-3　岡山県真庭市旧北房町　真庭イルミ
ネーション参加風景

1）　質問項目における選択肢、説明事項について

①　質問項目である「見てみたい、体験したい取り組みはありますか」の選択肢は同じであり、以下に旧北房町での選択肢と説明事項を示している。

　　モノ　農産品　　　地元のお米、ホタルうどん

　　　　　自然　　　　ホタルの乱舞、コスモス畑

　　　　　名産品　　　ブドウ、トマト、お酒

　　カネ　第3次産業　サービス業（イベント1、イベント2）

　　情報　文化　　　　お大師巡り、古墳や山城

②　特定の活動への協力であるので、質問項目として、活動での「気づいた点」「問題点、改善点」について記述する質問項目を追加している。

③　これらのイベントには、地域からの店の出店があり、将来的に定常的に開催され収益になる活動に発展することを期待して、経営資源としては、「カネ」に分類した。1日目のイベント1（イルミネーション）、2日目のイベント2（まちの駅）には、質問項目である「気づいた点」「問題点と改善点」の記述式の回答文を主として対応させて、テキストマイニングによる分析を行った。

2）　経営資源、選択肢分類から示される地域の特色（図10-2）

記述式回答文から239語彙が抽出され、発生頻度2回以上が61語であり、選択肢別の語彙群に基づいて説明する。今回の活動は、観光的な要素がないために、経営資源の「情報」に関する記述式回答文は少なかったため、分析には示していない。

①　「ヒト」については、「人の組織」である地域住民では、特定な語彙は示されなかった。

　　「地域外交流」では、1語彙「話す」が示され、学生とイベントの関係者との話ができたことが伺える。

②　「モノ」については、「自然」では1語彙「綺麗」が示され、過去に何回も来ているので、その際の記憶で自然が綺麗であることが示されていると考える。

　　「建造物」では、何も示されていないが、イベント1のイルミネーション

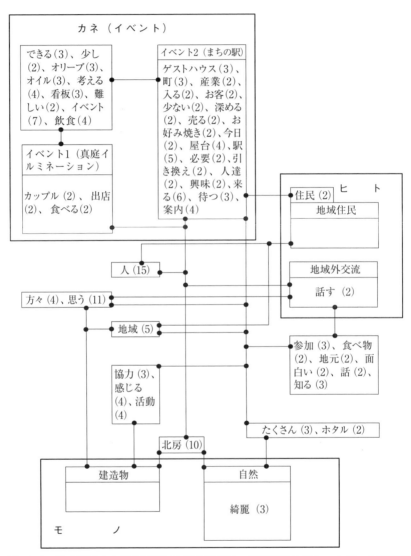

図 10-2　岡山県真庭市旧北房町における選択肢・語彙間の共起ネットワーク回路図

の作製には、地元企業の方々が協力していることが他の質問項目から示されている。

③　「カネ」については、「イベント1（イルミネーション）」では、3語彙「カップル」「出店」「食べる」が示され、出店でカップルが食べるところがないことに気付いている。

　　「イベント2（まちの駅）」では、19語彙が示され、「まちの駅」に関する語彙「ゲストハウスにはお客が少ないこと」「案内板、引換券を作成すること」「お客さんが興味を持ってくること」「お好み焼を売ること」など、行われている活動について気付いたり、問題になったことが書かれている。

　　特に2日目の「まちの駅」のイベントでは、出店された方、来られた方々との話、活動の状況について多くの語彙が示された。

3）　経営資源、選択肢間に出てくる語彙から示される地域の特色

　語彙・選択肢関連表に基づいて説明を行う。

①　選択肢間では、すべての語彙が「イベント2（まちの駅）」の活動に関係して示されている。

②　すべてで6選択肢のうち「地域住民」以外の5選択肢間で示される1語彙「北房」は、学生が関わった2つのイベントで、多くの方々に接して、経営資源のすべてに関連してこの語彙が書かれたものと考える。

③　4選択肢間で示される2語彙「地域」「人」は、「ヒト」と「イベント」に関連して、地域の人との接触が多く、地域のことを見たり、話したり、聞いて学んだことが多かったと考えられる。

④　2選択肢で示される語彙は、5グループに分けられる。（表10-5）

　　ⅰ　「カネ」の2つのイベント間では、共通して考える必要のある9語彙が示された。イベント個々で示された22語彙、イベント間で示された9語彙で、31語彙とかなり多くなり、学生の気付き、問題点への提案と、2つの調査にはない傾向が示された。

　　ⅱ　「カネ」の「イベント2」と「ヒト」の「地域外交流」の間では6語彙「参加」「食べ物」「地元」「面白い」「話」「知る」が書かれており、地域の方々からイベントに参加して、地元の食べ物、話を聞いて知る

表 10-5　岡山県真庭市旧北房町における語彙・選択肢間関連表

語　　彙	選　択　肢　間				
住民（2）	イベント2	地域住民			
参加（3）、食べ物（2）、地元（2）、面白い（2）、話（2）、知る（3）	イベント2	地域外交流			
たくさん（3）、ホタル（2）	イベント2	自然			
協力（3）、感じる（4）、活動（4）	イベント2	建造物			
出来る（3）、少し（2）、オリーブ（3）、オイル（3）、考える（4）、看板（3）、難しい（2）、イベント（7）、飲食（4）	イベント2	イベント1			
方々（4）、思う（11）	イベント2	地域外交流	建造物		
地域（5）	イベント2	地域外交流	建造物	地域住民	
人（15）	イベント2	イベント1	地域外交流	地域住民	
北房（10）	イベント2	イベント1	地域外交流	建造物	自然

　　　ことができ、地元・地域の方々との活動を通しての会話、体験が大変
　　重要であることが示された。

ⅲ　「モノ」の「建造物」と「カネ」の「イベント2」の間では3語彙「協
　　力」「活動」「感じる」であり、建造物はイベント1のイルミネーション
　　づくり、イベント2の活動、いずれも地域のいろいろな方々の協力が
　　なければ成立しないことを学生たちは感じている。

5.　結　　　論

①　他の機関が実施する地域活動に参加する学生たちは、担当機関への成果
　　への対応を行っているが、派遣する本学への報告はほとんど行われてい
　　なかった。そこで、いろいろな目的で行われる学外活動に参加した学生
　　が地域をどのように見ているかを、できるだけ同じ視点から明らかにで
　　きれば、大学として統一的に地域連携活動を行うことができるようにな
　　る。

② そこで、できるだけ統一的な視点からのアンケート調査項目を設定し、学生の感じたことを選択肢項目と記述式の項目を組合わせたアンケート調査を作成し、WEB 調査で実施するようにしている。

③ アンケート項目の選択肢は、経営資源の 3 要素と情報を基本にして設定し、選択肢の説明事項は、地域の特長を示すものを追加できるようにしている。

④ 地域の特長は、経営資源を基準にした選択肢の分類、及び記述式回答文を選択肢に対応して分類し、テキストマイニング分析により語彙と選択肢との関係から地域の特色を明らかにする。

⑤ テキストマイニングでの共起ネットワーク分析の結果を見やすくするために、共起ネットワーク回路図、語彙・選択肢関連表を提案している。

⑥ 3 か所の活動の調査を提案した手法により分析した結果、それぞれの活動と地域の特色を明らかにすることができた。

ⅰ 岡山県備中町では、調査目的が地域を外部の方々に観光の視点から調査をすることから、語彙「観光」の発生頻度は高くなった。また地域を代表する「文化」としての「渡り拍子、神楽」だけが観光資源かと思ったが、学生たちは、「キャンプ場」「フリークライミング」の関係者からの話から、これらの場所にも地域外の方々が来られていることが明らかとなり、これらも観光資源として考えられることを明らかにした。

ⅱ 島根県仁多郡奥出雲町では、中国四国農政局の推進する「農泊」事業のご協力で留学生が参加した調査であった。特に地域の自然、古い建物、産業遺産、農産品、そして地域の文化であるお茶に関連する語彙が多く示され、留学生は日本的なものに興味を示している。また、農業では酪農家の話、バターの試食には大いに興味を示している。特に、秋に調査が行われたことから、「紅葉」の自然の美しさには深く感じていることから、四季を通じての自然を基本にして、産業遺産、体験農業を組み合わせることにより、全体的な観光資源となる。

ⅲ 以上 2 か所については、いずれも活動をしている者の話を聞ける体

験型の観光要素を組み入れる必要がある。

iv　真庭市旧北房町のイベントへの協力については、地域を知っている
　　学生が参加しているので、「情報」としての「文化」「生活」には記述
　　式回答文は少なかった。特に2回のイベントに関する語彙が多くなり、
　　イベントに関する活動内容、気の付いたこと、地域・参加した方々と
　　話しをすることにより気づいたことなど、多くのことを学んでいる。
　　いずれのイベントでも、地域の方々の協力があって初めて実行可能と
　　なっていることにも気付いている。

謝　辞

　本章を終わるにあたり、現地調査結果について許諾をいただいた中国四国農政局、岡山県備中県民局、高梁市備中地域局、真庭市北房振興局、（一社）奥出雲観光協会に感謝申し上げます。

　本研究は、文部科学省平成29年度私立大学研究ブランディング事業、岡山商科大学「『寄り添い方研究』による地域価値の向上」の支援を受けて実施した。

文　献

1)　深沼 光（2010）「大学と地域の連携 ― 継続の効果と課題 ― 」『日本政策金融公庫論集』7、21-47

2)　岡山商科大学（2020）「フィールドスタディ」『商大レビュー』29、16-19

3)　文部科学省平成29年度私立大学研究ブランディング事業 採択、2017年11月7日

4)　大﨑紘一、三好宏（2020）「大学での地域実践型活動への取り組み」『地域と大学　持続可能な暮らしに向けた大学の新たな姿』ナカニシヤ出版、3-13

5)　（公財）地方経済総合研究所「県市町村の地域特性分析、― 豊かさと地域社会の持続可能性 ― 」https://www.dik.or.jp/.../03/k_20180402_chiikitokusei.pdf、2020.7.23（閲覧）

6)　目瀬守男・大﨑紘一・鳥越良光・杉本知政（1993）『地域活性化シリーズ、農山村地域の商・工・観光振興』明文書房

7)　大﨑紘一・藤原豊・赤木文男・菊池進（1981）『生産システム技法』共立出版社

8)　越智香那恵「テキストマイニングによる観光地の定量的評価分析」高知工科大学 経済・マネジメント学群　https://www.kochi-tech.ac.jp/library/ron/pdf/2018/03/15/.../2020.0723（閲覧）

9)　山口創・趨松楠・中塚雅也・山下良平（2014）「テキストマイニングによる農村地域課題の特性と変化の把握 ― 兵庫県を事例として ― 」『農林業問題研究』502、107-112

10)　樋口耕一（2019）『KH Coder 3 リファレンス・マニュアル』

11)　大熊康弘（2002）『図解でわかるはじめての電子回路』株式会社技術評論社

12)　備中地域まちづくり協議会 平成 31 年度「人づくり、地域づくり応援隊」事業（高梁市備中地区）実施時期令和元年 10 月 5 日〜令和 2 年 2 月

13)　岡山県高梁市産業観光課『高梁市 Super Guide Book』

14)　備中地域まちづくり協議会（2019）「備中地域」『まちづくり通信』2

15)　岡山県教育委員会（2018）『守ろう地域の宝！ 民族芸能 ― 備中地域編 ―』

16)　岡山商科大学（2018）「農林水産省中国四国農政局と包括的連携協定の締結」

17)　Okuizumo Tourism Association（2019）*Untouched Japan Okuizumo* Okuizumo Tourist Information Center

18)　(一社) 奥出雲町観光協会（2019）『そろそろ行こう 奥出雲』

19)　奥出雲町『神話の里　奥出雲』奥出雲観光文化協会

20)　岡山商科大学、農政局、奥出雲町 連携協定事業（2019）「留学生の奥出雲町への農泊体験（モニターツアー）」、奥出雲町農泊推進協議会

21)　中国四国農政局（2019）『農泊推進対策取組写真集』8

22)　岡山商科大学（2015）「真庭市 (一社) 湯原観光協会及び湯原町旅館協同組合との包括協定の締結」

23)　真庭市役所北房振興局『コスモスの咲く里　北房』

24)　(一社) 真庭観光協会『真庭観光 WEB 北房・落合』
　　　https://www.maniwa.or.jp/hokubo/　2020.7.23（閲覧）

（大﨑　紘一・中川　尚子・箕輪　弘嗣・中村　裕）

第 11 章

ノンサーベイ法による地域間産業連関表の作成と活用
― 岡山県における農業振興を事例として [1] ―

　本章では、岡山県の産業連関表や経済センサスなど各種統計データから、ノンサーベイ法によって岡山市、倉敷市、津山市、瀬戸内市の地域内産業連関表（地域内表）を作成し、これら4市と、岡山県内の上記4市以外のその他地域を合わせた5地域からなる地域間産業連関表（地域間表）を作成した。

　地域間表を用いて計測した経済波及効果は、跳ね返り効果が加味されることにより、地域内表を用いて得られる値よりも大きな値が得られることが知られている。本章では例えば、岡山市の耕種農業において最終需要が1単位だけ増加した場合、岡山市の地域内表を用いた場合の経済波及効果は 1.27 単位であるが、岡山県の地域間表を用いた場合は 1.46 単位になるといったように、地域間表を用いた方がより大きな値が得られることを定量的に示した。

　また、岡山県内のすべての産業についても同じように経済波及効果に関して、地域内表よりも地域間表の方がどの程度大きくなるかを試算したところ、平均的に約 17% 大きくなることが判明した。

1. はじめに

　地域間産業連関表を用いることで、ある地域で生じた最終需要の増加が他地域の産業の生産を誘発し、それがまた当該地域の生産を誘発するといった「跳ね返り効果（Bouncing-back Effects）」を織り込んで分析できるという利点がある。

　跳ね返り効果によって、経済波及効果がどの程度大きくなるかを試算した先行研究としては、例えば、片田ら（1994）がある。この研究によると、跳ね返り効果によって、経済波及効果は3〜6%程大きくなるとの試算がある。ただし、これは2地域間における跳ね返り効果であるので、多地域間における地域間表を用いることで、さらに大きな跳ね返り効果が得られることも考えられる。

　本章では、岡山市、倉敷市、津山市、瀬戸内市、岡山県のその他地域、これら5地域を含めた岡山県の地域間産業連関表を作成した。5地域間産業連関表を作成する際に使用する地域交易係数の推計には、ノンサーベイ法であるグラビティモデルを用いた。

　本章では、第2節で地域内産業連関表（地域内表）の作成方法、第3節で地域間産業連関表（地域間表）の作成方法を説明し、第4節で地域間産業連関表に基づくシミュレーションを行い、地域内産業連関表を用いたケースとの経済波及効果の比較と、岡山県における食料自給率（生産額ベース）上昇による経済波及効果の試算を行う。

2.　地域内産業連関表の作成

　本節では、岡山市、倉敷市、津山市、瀬戸内市、これら4地域の地域内産業連関表の作成方法について説明していく。作成方法は土居ら（2019）の第11章に基づいており、ここでは要点のみを示していくものとする。

　2011年の岡山県産業連関表（108部門表）、経済センサス、工業統計調査、建築着工統計、岡山県市町村民経済計算、市町村決算カード、国勢調査、全国消費実態調査を用いて、各地域内産業連関表（108部門表）を作成した。

　しかし、ここで問題であったのが、岡山県産業連関表は、移出と輸出、移入と輸入が分離されておらず、移輸出、移輸入として値が合算されてしまっていることであった。宍戸（2010）第4章には、富山県と石川県の移輸出と移輸入の分離を考える際に、中部地域に属する他県の輸出率と輸入率から移輸出、移輸入を分離する方法が示されているが、中国地方に属する県の2011年産業連関表のうち、移出と輸出、移入と輸入に分離されている県は一つもない。そ

のため、これに対する対処方法として、中国経済産業局が作成した 2005 年の中国地域（内）産業連関表（80 部門表）の移出額と輸出額の比率、移入額と輸入額の比率を用いて、2011 年の岡山県産業連関表（108 部門表）の移輸出、移輸入を分離した。

　この方法にはいくつか問題がある。① 2005 年表の移入額と輸入額の比率を 2011 年表に用いてよいのかということ、②中国地域表の比率を岡山県表の比率として用いてもよいのかということ、③ 2005 年表と 2011 年表では部門分類が異なっているということ、④ 2005 年表は 80 部門表であり、2011 年表は 108 部門表であり部門数が異なるということ、これら 4 つの問題点を挙げることができるであろう。

　①に関しては利用できそうなデータが他になかったため、まったく別の地域の 2011 年のデータを用いるよりは良いであろうと考えた。②に関しては宍戸（2010）のように同一地域では似たような特徴があると想定していると考えることができる。③と④に関しては表 11-1 のように 2011 年岡山県産業連関表（108 部門表）と 2005 年中国地域産業連関表（80 部門表）の部門分類を対応付け、対応する部門は、移出と輸出の比率、移入と輸入の比率は等しいと仮定した。

　各地域内産業連関表（108 部門表）の移出額と移入額は、小長谷・前川（2012）の第 7 章にある方法（土居ら（2019）では「前川方式」と呼んでいる）を用いて推計した（前川方式は本論文の補足で解説を行っている）。次に、バランス調整は、①域内生産額 − 移輸出 ≧ 0、②域内需要合計 − 移輸入 ≧ 0、③移輸出入 = 0 部門（建設、建設補修、公共事業、その他の土木建設、住宅賃貸料（帰属家賃）、自家輸送、公務、事務用品）、を満たすように行い、調整項を最終需要部門に含め、行和と列和を等しくするための調整に用いた。

　次に、得られた 4 市の地域内産業連関表（108 部門表）を 41 部門（表 11-2）になるように部門統合を行った。部門対応は、2011 年の岡山県 108 部門表と 37 部門表の部門対応に従っているが、37 部門表の「農林水産業」を「耕種農業」、「林業」、「その他農林水産業」、「対個人サービス」を「宿泊業」、「飲食サービス」、「対個人サービス」に分けることで 41 部門としている。

表 11-1 2011 年岡山県表（108 部門）

2011 年岡山県表（108 部門）		2005 年中国地域表（80 部門）
1. 耕種農業	→	1. 農林水産業
2. 畜産	→	1. 農林水産業
3. 農業サービス	→	1. 農林水産業
4. 林業	→	1. 農林水産業
5. 漁業	→	1. 農林水産業
6. 金属鉱物	→	2. 金属鉱物
7. 石炭・原油・天然ガス	→	3. 石炭・原油・天然ガス
8. 非金属鉱物	→	4. 非金属鉱物
9. 食料品	→	5. 食料品・たばこ
10. 飲料	→	6. 飲料
11. 飼料・有機質肥料（別掲を除く）	→	5. 食料品・たばこ
12. たばこ	→	5. 食料品・たばこ
13. 繊維工業製品	→	7. 繊維工業製品
14. 衣服・その他の繊維既製品	→	8. 衣服・その他の繊維既製品
15. 木材・木製品	→	9. 製材・木製品
16. 家具・装備品	→	10. 家具・装備品
17. パルプ・紙・板紙・加工紙	→	11. パルプ・紙・板紙・加工紙
18. 紙加工品	→	12. 紙加工品
19. 印刷・製版・製本	→	13. 印刷・製版・製本
20. 化学肥料	→	14. 化学肥料
21. 無機化学工業製品	→	15. 無機化学基礎製品
22. 石油化学基礎製品	→	16. 石油化学基礎製品
23. 有機化学工業製品	→	17. 有機化学工業製品
（石油化学基礎製品を除く）		（除石油化学基礎製品）
24. 合成樹脂	→	18. 合成樹脂
25. 化学繊維	→	19. 化学繊維
26. 医薬品	→	20. 医薬品
27. 化学最終製品（医薬品を除く）	→	21. 化学最終製品（除医薬品）
28. 石油製品	→	22. 石油製品
29. 石炭製品	→	23. 石炭製品
30. プラスチック製品	→	24. プラスチック製品
31. ゴム製品	→	25. ゴム製品
32. なめし革・毛皮・同製品	→	26. その他の製造工業製品
33. ガラス・ガラス製品	→	27. ガラス・ガラス製品
34. セメント・セメント製品	→	28. セメント・セメント製品
35. 陶磁器	→	29. 陶磁器
36. その他の窯業・土石製品	→	30. その他の窯業・土石製品
37. 銑鉄・粗鋼	→	31. 銑鉄・粗鋼
38. 鋼材	→	32. 鋼材
39. 鋳鍛造品	→	33. 鋳鍛造品
40. その他の鉄鋼製品	→	34. その他の鉄鋼製品
41. 非鉄金属製錬・精製	→	35. 非鉄金属製錬・精製
42. 非鉄金属加工製品	→	36. 非鉄金属加工製品
43. 建設・建築用金属製品	→	37. 建設・建築用金属製品
44. その他の金属製品	→	38. その他の金属製品
45. はん用機械	→	39. 一般産業機械
46. 生産用機械	→	40. 特殊産業機械
47. 業務用機械	→	42. 事務用・サービス用機器
48. 電子デバイス	→	43. 半導体素子・集積回路
49. その他の電子部品	→	44. その他の電子部品
50. 産業用電気機器	→	45. 産業用電気機器
51. 民生用電気機器	→	46. 民生用電気機器
52. 電子応用装置・電気計測器	→	47. 電子応用装置・電気計測器
53. その他の電気機械	→	48. その他の電気機器
54. 通信機械・同関連機器	→	49. 通信機械・同関連機器

＊ 2005 年中国地域表（80 部門）の「41. その他の一般機械器具及び部

と 2005 年中国地域表（80 部門）の対応

2011 年岡山県表（108 部門）		2005 年中国地域表（80 部門）
55. 電子計算機・同附属装置	→	50. 電子計算機・同付属装置
56. 乗用車	→	51. 乗用車
57. その他の自動車	→	52. その他の自動車
58. 自動車部品・同附属品	→	53. 自動車部品・同付属品
59. 船舶・同修理	→	54. その他の輸送機械
60. その他の輸送機械・同修理	→	54. その他の輸送機械
61. その他の製造工業製品	→	26. その他の製造工業製品
62. 再生資源回収・加工処理	→	56. 再生資源回収・加工処理
63. 建築	→	57. 建築及び補修
64. 建設補修	→	57. 建築及び補修
65. 公共事業	→	58. 公共事業
66. その他の土木建設	→	59. その他の土木建設
67. 電力	→	60. 電力
68. ガス・熱供給	→	61. ガス・熱供給
69. 水道	→	62. 水道・廃棄物処理
70. 廃棄物処理	→	62. 水道・廃棄物処理
71. 商業	→	63. 商業
72. 金融・保険	→	64. 金融・保険
73. 不動産仲介及び賃貸	→	65. 不動産
74. 住宅賃貸料	→	65. 不動産
75. 住宅賃貸料（帰属家賃）	→	66. 住宅賃貸料（帰属家賃）
76. 鉄道輸送	→	67. 運輸
77. 道路輸送（自家輸送を除く）	→	67. 運輸
78. 自家輸送	→	67. 運輸
79. 水運	→	67. 運輸
80. 航空輸送	→	67. 運輸
81. 貨物利用運送	→	67. 運輸
82. 倉庫	→	67. 運輸
83. 運輸附帯サービス	→	67. 運輸
84. 郵便・信書便	→	68. 通信
85. 通信	→	68. 通信
86. 放送	→	69. 放送
87. 情報サービス	→	70. 情報サービス
88. インターネット附随サービス	→	71. インターネット附随サービス
89. 映像・音声・文字情報制作	→	72. 映像・文字情報制作
90. 公務	→	73. 公務
91. 教育	→	74. 教育・研究
92. 研究	→	74. 教育・研究
93. 医療	→	75. 医療・保健・社会保障・介護
94. 保健衛生	→	75. 医療・保健・社会保障・介護
95. 社会保険・社会福祉	→	75. 医療・保健・社会保障・介護
96. 介護	→	75. 医療・保健・社会保障・介護
97. その他の非営利団体サービス	→	75. 医療・保健・社会保障・介護
98. 物品賃貸サービス	→	76. 物品賃貸サービス
99. 広告	→	77. 広告
100. 自動車整備・機械修理	→	78. その他の対事業所サービス
101. その他の対事業所サービス	→	78. その他の対事業所サービス
102. 宿泊業	→	79. 対個人サービス
103. 飲食サービス	→	79. 対個人サービス
104. 洗濯・理容・美容・浴場業	→	79. 対個人サービス
105. 娯楽サービス	→	79. 対個人サービス
106. その他の対個人サービス	→	79. 対個人サービス
107. 事務用品	→	80. その他
108. 分類不明	→	80. その他

品」と「55. 精密機械」は対応する部門がなかったため使用していない。

3. 地域間産業連関表の作成

　本節では、岡山市、倉敷市、津山市、瀬戸内市、岡山県のその他地域、これ
ら5地域を含めた地域間産業連関表を作成する。

　岡山県内で地域間産業連関表を作成するということは、岡山県外と外国を同
じように扱うということになる。このように考えることで、浅利・土居（2016）
第2章の「完全分離法の並列的拡張」を用いることができる。

　岡山県外と外国を同じように扱うことから、4市の移出額と移入額を、県内
への移出額、県外への移出額、県内への移入額、県外への移入額に分けて考え
ることとした。県内への移出額と県内からの移入額はすでに前川方式から求め
ており、県外への移出額と県外からの移入額は次の式から求めた。

　第 i 財の地域 k から県外への移出額

$$= \frac{地域 k の第 i 財の産出高}{岡山県の第 i 財の産出高} \times 第 i 財の岡山県の移出額$$

　第 i 財の地域 k の県外からの移入額

$$= \frac{地域 k の第 i 財の域内需要合計}{岡山県の第 i 財の域内需要合計} \times 第 i 財の岡山県の移入額$$

そして、岡山県の地域内産業連関表から4市の地域内産業連関表を差し引く
ことで「岡山県のその他地域」の地域内産業連関表を得ることができる[2]。

　また、地域交易係数を算出するために、岡山県内の各地域の移出入を推計す
る必要があるが、これには、中野・西村（2007）で提示されているグラビティ
モデルを用いることとした。ただし、本章での対象地域はすべて岡山県内であ
るため、各地域の距離はすべて等しいと簡素化したグラビティモデルを用い
た。

　浅利・土居（2016）より、地域交易係数行列を T、拡大投入係数行列を A、
地域別産出高列ベクトルを X、地域別域内最終需要列ベクトルを F、地域別移
出列ベクトルを E、地域別移入列ベクトルを M、移入率を対角要素にもち他の
要素はゼロである移入係数行列を $\hat{M}$ としたとき、地域間産業連関における均

衡産出高モデルは、

$$X = TAX + TF + E$$
$$M = \hat{M}AX + \hat{M}F \tag{1}$$

と書くことができ、このモデルに基づいて地域間産業連関表の作成を行った。ただし、E は県外への移出を含み、M と $\hat{M}$ は県外からの移入を含んでいることに気を付けられたい。

4. シミュレーション

（1） 地域内表と地域間表の経済波及効果の比較

（1）式から得られる次の（2）式を用いることで、最終需要増加の経済波及効果を推定することができる。ただし、家計内生化は行っていない。

$$\Delta X = (I - TA)^{-1}(T\Delta F + \Delta E)$$
$$\Delta M = \hat{M}(A\Delta X + \Delta F) \tag{2}$$

（2）式を用いて、各地域における各部門の最終需要が 1 単位ずつ増加した場合の経済波及効果を求めた結果を表 11-3 にまとめる。表 11-3 において、岡山市の耕種農業の数値が 1.456 とあるが、これは岡山市の耕種農業において、仮に県外への移出が 1 単位増加した場合、経済波及効果によって 1.456 単位の産出高が増加することを表している。表 11-3 より岡山市、津山市、瀬戸内市における耕種農業の経済波及効果は平均的な値よりも僅かながら大きく（つまり、影響力係数が 1 を上回る）、倉敷市における耕種農業の経済波及効果は平均的な値よりも僅かに小さい（つまり、影響力係数が 1 を下回る）。

次に、表 11-3 と同じように各産業の最終需要が 1 単位ずつ増加した場合の経済波及効果について地域内表と地域間表の比較を行ったものが表 11-4（岡山市、倉敷市）と表 11-5（津山市、瀬戸内市）である。

例えば表 11-4 より、岡山市の耕種農業において、仮に県外への移出が 1 単位増加した場合、地域内表を用いると 1.268 単位の産出高が増加するが、地域間表を用いると 1.456 単位の産出高が増加する。これは、跳ね返り効果が加味されることにより、0.188 単位、約 15％だけ経済波及効果が大きく生じている

表11-2　地域産業連関表（41部門表）の部門

部門名	部門名
1. 耕種農業	22. その他の製造工業製品
2. 林業	23. 建設
3. その他農林水産業	24. 電力・ガス・熱供給
4. 鉱業	25. 水道
5. 飲食料品	26. 廃棄物処理
6. 繊維製品	27. 商業
7. パルプ・紙・木製品	28. 金融・保険
8. 化学製品	29. 不動産
9. 石油・石炭製品	30. 運輸・郵便
10. プラスチック・ゴム	31. 情報通信
11. 窯業・土石製品	32. 公務
12. 鉄鋼	33. 教育・研究
13. 非鉄金属	34. 医療・福祉
14. 金属製品	35. その他の非営利団体サービス
15. はん用機械	36. 対事業所サービス
16. 生産用機械	37. 宿泊業
17. 業務用機械	38. 飲食サービス
18. 電子部品	39. 対個人サービス
19. 電気機械	40. 事務用品
20. 情報・通信機器	41. 分類不明
21. 輸送機械	

ことがわかる。

　また、表11-4と表11-5から、跳ね返り効果によって経済波及効果は全産業において平均的に0.2単位程度（≒（0.188＋0.208＋0.246＋0.177）÷4）、約17%程上昇することがわかる。各市の耕種農業も平均的な上昇幅である0.2単位程度（≒（0.188＋0.180＋0.226＋0.231）÷4）上昇しており、耕種農業が他の産業と比べても、跳ね返り効果の生じやすさは平均的であることがわかる。

　ただし、ここでシミュレーションに用いた地域間表は岡山県内の地域間表であるので、岡山県外からの跳ね返り効果も考慮すれば、経済波及効果の上昇幅はさらに上昇する可能性がある。

表 11-3　各産業における最終需要 1 単位増加の経済波及効果（地域間表）

	岡山市	倉敷市	津山市	瀬戸内市
1. 耕種農業	1.456	1.407	1.470	1.447
2. 林業	1.340	1.326	1.364	1.331
3. その他農林水産業	1.405	1.363	1.461	1.334
4. 鉱業	1.516	1.518	1.569	1.000
5. 飲食料品	1.419	1.446	1.385	1.422
6. 繊維製品	1.443	1.409	1.482	1.506
7. パルプ・紙・木製品	1.470	1.496	1.417	1.487
8. 化学製品	1.559	1.143	1.639	1.495
9. 石油・石炭製品	2.285	2.140	2.347	1.000
10. プラスチック・ゴム	1.454	1.367	1.517	1.422
11. 窯業・土石製品	1.429	1.437	1.463	1.410
12. 鉄鋼	1.689	2.005	1.641	1.841
13. 非鉄金属	1.641	2.032	1.936	0.164
14. 金属製品	1.402	1.581	1.457	1.311
15. はん用機械	1.379	1.494	1.371	1.382
16. 生産用機械	1.368	1.468	1.381	1.383
17. 業務用機械	1.432	1.471	1.000	1.000
18. 電子部品	1.390	1.427	1.312	1.190
19. 電気機械	1.346	1.499	1.360	1.291
20. 情報・通信機器	1.372	1.421	1.300	1.000
21. 輸送機械	1.486	1.319	1.622	1.480
22. その他の製造工業製品	1.369	1.506	1.514	1.447
23. 建設	1.385	1.426	1.390	1.392
24. 電力・ガス・熱供給	1.367	1.250	1.357	1.000
25. 水道	1.399	1.410	1.411	1.411
26. 廃棄物処理	1.254	1.253	1.260	1.268
27. 商業	1.284	1.306	1.294	1.307
28. 金融・保険	1.320	1.354	1.349	1.354
29. 不動産	1.190	1.188	1.180	1.151
30. 運輸・郵便	1.379	1.321	1.501	1.499
31. 情報通信	1.418	1.474	1.444	1.497
32. 公務	1.249	1.260	1.269	1.272
33. 教育・研究	1.179	1.182	1.151	1.205
34. 医療・福祉	1.306	1.269	1.314	1.274
35. その他の非営利団体サービス	1.347	1.385	1.384	1.401
36. 対事業所サービス	1.291	1.290	1.301	1.262
37. 宿泊業	1.389	1.372	1.380	1.401
38. 飲食サービス	1.420	1.344	1.408	1.424
39. 対個人サービス	1.219	1.232	1.233	1.241
40. 事務用品	1.580	1.727	1.525	1.722
41. 分類不明	1.622	1.609	1.672	1.643
平均値	1.421	1.437	1.435	1.319

＊ 影付部は各列において値が大きい上位 3 位を示している。

表 11-4　地域内表と地域間表の経済波及効果の比較（岡山市、倉敷市）

	岡山市			倉敷市		
	地域内表	地域間表	変化分	地域内表	地域間表	変化分
1. 耕種農業	1.268	1.456	0.188	1.226	1.407	0.180
2. 林業	1.169	1.340	0.171	1.147	1.326	0.179
3. その他農林水産業	1.226	1.405	0.180	1.159	1.363	0.204
4. 鉱業	1.402	1.516	0.114	1.360	1.518	0.158
5. 飲食料品	1.241	1.419	0.179	1.157	1.446	0.290
6. 繊維製品	1.200	1.443	0.243	1.197	1.409	0.212
7. パルプ・紙・木製品	1.287	1.470	0.183	1.202	1.496	0.294
8. 化学製品	1.231	1.559	0.329	1.155	1.143	−0.012
9. 石油・石炭製品	1.098	2.285	1.186	1.032	2.140	1.107
10. プラスチック・ゴム	1.207	1.454	0.247	1.188	1.367	0.179
11. 窯業・土石製品	1.225	1.429	0.204	1.218	1.437	0.219
12. 鉄鋼	1.170	1.689	0.520	1.685	2.005	0.320
13. 非鉄金属	1.134	1.641	0.507	1.111	2.032	0.921
14. 金属製品	1.162	1.402	0.240	1.466	1.581	0.115
15. はん用機械	1.173	1.379	0.206	1.349	1.494	0.145
16. 生産用機械	1.206	1.368	0.162	1.311	1.468	0.156
17. 業務用機械	1.205	1.432	0.226	1.214	1.471	0.257
18. 電子部品	1.201	1.390	0.189	1.188	1.427	0.239
19. 電気機械	1.200	1.346	0.146	1.231	1.499	0.267
20. 情報・通信機器	1.166	1.372	0.205	1.162	1.421	0.259
21. 輸送機械	1.149	1.486	0.337	1.209	1.319	0.110
22. その他の製造工業製品	1.256	1.369	0.113	1.290	1.506	0.215
23. 建設	1.265	1.385	0.119	1.258	1.426	0.168
24. 電力・ガス・熱供給	1.089	1.367	0.278	1.072	1.250	0.178
25. 水道	1.350	1.399	0.049	1.296	1.410	0.114
26. 廃棄物処理	1.196	1.254	0.058	1.175	1.253	0.078
27. 商業	1.246	1.284	0.038	1.203	1.306	0.103
28. 金融・保険	1.292	1.320	0.028	1.223	1.354	0.131
29. 不動産	1.180	1.190	0.011	1.141	1.188	0.047
30. 運輸・郵便	1.272	1.379	0.107	1.290	1.321	0.032
31. 情報通信	1.387	1.418	0.031	1.263	1.474	0.211
32. 公務	1.208	1.249	0.042	1.180	1.260	0.080
33. 教育・研究	1.152	1.179	0.027	1.126	1.182	0.057
34. 医療・福祉	1.204	1.306	0.103	1.185	1.269	0.084
35. その他の非営利団体サービス	1.295	1.347	0.052	1.224	1.385	0.161
36. 対事業所サービス	1.232	1.291	0.059	1.170	1.290	0.119
37. 宿泊業	1.279	1.389	0.110	1.241	1.372	0.131
38. 飲食サービス	1.253	1.420	0.168	1.192	1.344	0.151
39. 対個人サービス	1.178	1.219	0.041	1.156	1.232	0.075
40. 事務用品	1.358	1.580	0.222	1.255	1.727	0.472
41. 分類不明	1.540	1.622	0.082	1.499	1.609	0.111
平均値	1.233	1.421	0.188	1.230	1.437	0.208

＊ 影付部は各列において値が大きい上位3位を示している。

表 11-5　地域内表と地域間表の経済波及効果の比較（津山市、瀬戸内市）

	津山市			瀬戸内市		
	地域内表	地域間表	変化分	地域内表	地域間表	変化分
1. 耕種農業	1.244	1.470	0.226	1.217	1.447	0.231
2. 林業	1.153	1.364	0.211	1.232	1.331	0.100
3. その他農林水産業	1.216	1.461	0.246	1.134	1.334	0.200
4. 鉱業	1.334	1.569	0.235	1.000	1.000	0.000
5. 飲食料品	1.188	1.385	0.197	1.160	1.422	0.262
6. 繊維製品	1.182	1.482	0.299	1.133	1.506	0.373
7. パルプ・紙・木製品	1.196	1.417	0.221	1.138	1.487	0.349
8. 化学製品	1.151	1.639	0.488	1.136	1.495	0.359
9. 石油・石炭製品	1.084	2.347	1.263	1.000	1.000	0.000
10. プラスチック・ゴム	1.153	1.517	0.364	1.156	1.422	0.266
11. 窯業・土石製品	1.193	1.463	0.269	1.163	1.410	0.247
12. 鉄鋼	1.147	1.641	0.494	1.112	1.841	0.729
13. 非鉄金属	1.102	1.936	0.834	1.099	0.164	−0.935
14. 金属製品	1.131	1.457	0.326	1.100	1.311	0.212
15. はん用機械	1.134	1.371	0.237	1.113	1.382	0.269
16. 生産用機械	1.168	1.381	0.213	1.141	1.383	0.242
17. 業務用機械	1.000	1.000	0.000	1.000	1.000	0.000
18. 電子部品	1.159	1.312	0.153	1.107	1.190	0.083
19. 電気機械	1.154	1.360	0.206	1.118	1.291	0.174
20. 情報・通信機器	1.130	1.300	0.171	1.000	1.000	0.000
21. 輸送機械	1.095	1.622	0.527	1.103	1.480	0.377
22. その他の製造工業製品	1.283	1.514	0.231	1.203	1.447	0.243
23. 建設	1.227	1.390	0.163	1.178	1.392	0.214
24. 電力・ガス・熱供給	1.065	1.357	0.292	1.000	1.000	0.000
25. 水道	1.291	1.411	0.120	1.257	1.411	0.154
26. 廃棄物処理	1.153	1.260	0.107	1.137	1.268	0.131
27. 商業	1.201	1.294	0.093	1.161	1.307	0.145
28. 金融・保険	1.248	1.349	0.100	1.173	1.354	0.181
29. 不動産	1.158	1.180	0.021	1.080	1.151	0.071
30. 運輸・郵便	1.257	1.501	0.244	1.252	1.499	0.247
31. 情報通信	1.280	1.444	0.165	1.178	1.497	0.319
32. 公務	1.186	1.269	0.083	1.140	1.272	0.132
33. 教育・研究	1.107	1.151	0.044	1.112	1.205	0.094
34. 医療・福祉	1.179	1.314	0.135	1.123	1.274	0.150
35. その他の非営利団体サービス	1.251	1.384	0.133	1.178	1.401	0.223
36. 対事業所サービス	1.180	1.301	0.121	1.128	1.262	0.134
37. 宿泊業	1.235	1.380	0.145	1.202	1.401	0.199
38. 飲食サービス	1.222	1.408	0.186	1.187	1.424	0.237
39. 対個人サービス	1.152	1.233	0.082	1.123	1.241	0.118
40. 事務用品	1.280	1.525	0.245	1.219	1.722	0.503
41. 分類不明	1.486	1.672	0.186	1.436	1.643	0.207
平均値	1.189	1.435	0.246	1.142	1.319	0.177

＊影付部は各列において値が大きい上位3位を示している。

（2）　食料自給率上昇による経済波及効果

　2015年3月31日に閣議決定された新たな食料・農業・農村基本計画では、2025年において日本の食料自給率（生産額ベース；以降、生産額ベースとする）が73%[3]となることを目標としている。本節では作成した地域間表を用いて、岡山県においても食料自給率73%を達成するように最終需要を上昇させる農業振興政策の経済波及効果を測定する。農林水産省によると2011年度における岡山県の食料自給率[4]は66%である。ここで岡山県の食料自給率を73%にするように耕種農業の最終需要の値を増加させ、岡山県の農林水産業（耕種農業＋林業＋その他農林水産業）の産出高が1.1倍（≒73÷66）になるように調整する。この際の経済波及効果は表11-6の通りである。

表11-6　岡山県における食料自給率上昇シナリオに伴う経済波及効果

（単位：億円）

	合計	内訳				
		岡山市	倉敷市	津山市	瀬戸内市	その他県内
最終需要の増加	170.5	33.1	11.3	10.4	14.4	101.3
経済波及効果	239.8					

＊岡山県が食料自給率（生産額ベース）73%を達成するために必要な耕種農業における最終需要の増加と、それに伴う経済波及効果が示されている。

　表11-6において、各地域間の最終需要の増加の比率は2011年地域内表の各市の耕種農業の産出高の比となっている。表11-6から、岡山県において耕種農業の最終需要が170.5億円だけ増加すれば、食料自給率が66%から73%[5]まで増加することとなり、その際の経済波及効果は240億円程であることがわかる。

5.　お わ り に

　本章では、岡山市、倉敷市、津山市、瀬戸内市、岡山県内のこれら4市以外のその他地域を合わせた5地域からなる地域間産業連関表を作成し、農業部門（耕種農業）における最終需要の増加に伴う跳ね返り効果の大きさを試算した。

その結果、農業部門は他の産業と比べても、跳ね返り効果の大きさは平均的であり、地域内表で計算した経済波及効果よりも、地域間表で計算したそれの方が17%程上昇することがわかった。これは片田ら（1994）で得られていた値よりも大きいものとなった。本章では5地域という多地域から成る地域間表を用いたことから、跳ね返り効果がより大きく現れたとことが推測される。

　本研究の課題についても触れておきたい。岡山県内で地域間産業連関表を作成したが、県外も一つの地域として地域間産業連関表に含めるべきであったと考えられる。県外を含めることで県外からの跳ね返り効果を考慮することができるからである。しかし、県外も一つの地域として地域間産業連関表に含めるには、並列的拡張と垂直的拡張[6]を同時に行う必要があったため、今後の課題として残している。また、2011年岡山県表における移輸出と移輸入の分離を行う際に2005年中国地域表の情報を用いたこと、また、その他地域表に関するバランス調整ができていないこと[7]も深刻な問題であると考えられるため、これらについても何らかの改善策を見いだす必要があるであろう。

謝　辞

　本章で紹介した研究は、文部科学省・平成29年度私立大学研究ブランディング事業、岡山商科大学「『寄り添い型研究』による地域価値の向上」の一部門「農業振興と自然環境との共生に関する経済分析」の一環として実施した。

文　献

浅利一郎・土居英二（2016）『地域間産業連関分析の理論と実際』日本評論社

小長谷一之・前川知史（2012）『経済効果入門　地域活性化・企画立案・政策評価のツール』日本評論社

片田敏孝・森杉壽芳・宮城俊彦・石川良文（1994）「地域内産業連関分析におけるはね返り需要の計測方法」『土木学会論文集』488/Ⅳ-23

宍戸駿太郎（監修）・環太平洋産業連関分析学会（編集）（2010）『産業連関分析ハンドブック』東洋経済新報社

土居英二・浅利一郎・中野親徳（2019）『はじめよう地域産業連関分析（改訂版）［基礎編］Excelで初歩から実践まで』日本評論社

中野諭・西村一彦（2007）「地域産業連関表の分割における多地域間交易の推定」『産業連関』15（3）

補足　前川方式（小長谷・前川2012）

　小長谷・前川（2012）で提案された前川方式とは、市町村内産業連関表を作成する際に「県内への移出額」と「県内からの移入額」を求める方法である。本章ではこの前川方式を使用し、地域間産業連関表を作成した。この補足では、土居ら（2019）の説明方法に従い前川方式について解説をする。

表11-7　前川方式の考え方

単位：10万円		林業			
		岡山県	岡山市	県内他地域	合計
耕種農業	岡山県	178			
	岡山市		④　35	③　0	①　35
	県内他地域		⑤　5	⑥　138	
	合計		②　40		

　表11-7に記載されている178（単位：10万円）は、2011年岡山県内産業連関表に記載されている値であり、耕種農業の財を岡山県の林業が購入する金額を示している。

　表11-7において①と②の計算方法は次の通りである。

$$① \quad 178 \times \frac{岡山市の耕種農業の産出高（165,909）}{岡山県の耕種農業の産出高（854,854）} ≒ 35$$

$$② \quad 178 \times \frac{岡山市の耕種農業の市内需要合計（322,204）}{岡山県の耕種農業の県内需要合計（1,446,176）} ≒ 40$$

　①の35は岡山市の耕種農業の生産ポテンシャルを表しており、②の40は岡山市の耕種農業の財に対する需要ポテンシャルを表していると考える。そのとき、35＜40であるので岡山市の耕種農業は需要される側になると考え、③に0を記入し、岡山市の耕種農業は県内他地域には移出をしないと考える。

　①と②から行和と列和の関係から、④に35、⑤に5が記入される。また、網掛部の和は178になるため、⑥に138を記入することで表11-7が完成される。

　表11-7から岡山市の林業の県内からの移入額が5であることが得られ、同様にして、すべての中間需要と最終需要のセルに関して同じ計算を行うことで、岡山市の県内への移出額と県内からの移入額を求めることができるのである。

注

1) 本章は、「日本経済政策学会　第77回全国大会　追手門学院大学オンライン大会」で報告した内容に基づいている。萩原泰治先生（神戸大学）、渡邉隆俊先生（愛知学院大学）には多くの有益なコメントを頂いた。ここに記して感謝の意を表したい。

2) ここで未解決の問題が1つ残っている。岡山県のその他地域の地域内産業連関表を得ることができたが、この表の一部の産業で移出計の値が負値をとってしまっている。他の4市表はバランス調整ができているが、その他地域表はバランス調整の方法を見出すことができなかった。4市表＋その他地域表＝岡山県表という制約が満たした上で、その他地域表のバランス調整まで行う方法については今後の課題である。

3) 食料自給率（カロリーベース）では2025年において45%を目標としている。また、農林水産省によると、2011年度における日本の食料自給率（生産額ベース）は66%であり、食料自給率（カロリーベース）は39%である。

4) 県レベルの食料自給率の計算方法は、

$$生産額ベースの都道府県別食料自給率 = \frac{各都道府県の食料生産額}{食料消費仕向額}$$

となっている。食料消費仕向額とは、全国の食料消費仕向額を当該県の人口に応じて按分して算出される。

5) 食料自給率が66%であるときの岡山県の農林水産業（耕種農業＋林業＋その他農林水産業）の産出高は1,673億円（2011年岡山県産業連関表）であり、73%であるときは1,850億円である。

6) 並列的拡張と垂直的拡張については浅利・土居（2016）を参照。

7) 注2）を参照。

（加藤　真也・田中　勝次）

第 12 章

農業経営における流通重視への取組み
― 兼業農家を対象として ―

われわれが生きていく上で食料は必須であり、そのような商品の中にあっ
て、農産物はますます輸入量が増加し、国内生産が圧迫されている。資本主義
社会は競争社会であり、競争力が劣る経済主体は淘汰に追いやられる。

農産物の生産を大量生産の原理に従わせるのか、または、別の選択肢を模索
するのか、農業経営の主体にとって、重要な判断が求められる。筆者の見解に
あって、本研究が対象とする兼業農家は無理することなく、農業をまたは農業
経営を楽しむことが大切である。繰り返せば、慣習的な思考にとらわれること
なく、自由な発想で、この課題に取組んでもらいたい。

そのためには生産の歴史を、生産と流通との関係を理解すること、それを基
礎として、所得が低下する傾向にある我が国にあって、ターゲットとすべき消
費者を措定すること、その消費者に向けて、知識や活動が有機的に結合される
ことを筆者は願う。それらの実践体系はマーケティングである。

実践事例にあるように、筆者は兼業農家と同じ目線からこの課題に取組んで
いる。

1. はじめに

筆者は兼業農家の自立的な農業経営におけるひとつのモデル構築を試みて
いる。紙幅の関係から、多様かつ膨大な実践と実験を、また特に、それらの各
活動がどのような論理や根拠に従ってなされたのかを記述することは不可能で

あるため、それらの諸活動の根幹をなす理論または必然的論理を述べるに止める。筆者による実践の一部を簡単に紹介する。

　農産物の生産をマクロ的、それは政策的な視点からではなく、個別具体的な経済主体である農家、その現実は経営という段階に到達していない農家の自立的経営を促進させようとする立場から、タイトルにみられる経営学、経済学、流通・マーケティングの視点から述べる。記述された理論に関心のある読者は参考文献を確認されたい。専門用語は可能な限り平易な表現をするように努めたつもりである。

　本研究は文部科学省 2017 度私立大学研究ブランディング事業「『寄り添い型研究』による地域価値の向上」において、情報の記録や文書作成、アンケート調査のために必要な費用に限って助成を受けた。実践・実験に直接係わる費用は自立的農業経営を模索する実践者のひとりとして、筆者個人の拠出によるものであることを明記しておく。

2. 農業経営における効率化・機械化の問題点

　農業経営における効率化と機械化は大量生産システムの原理に従うものであると理解できよう。それゆえ、生産の変遷を確認しておこう。生産管理問題は経営学に先立ち、「近代経済学の父」と呼ばれたスミス（2007a；2007b）は人間の労働の効率化を図る手段として、分業の重要性を指摘する。「コンピュータの父」と呼ばれた数学者バベッジは作業、時間測定、コストとの関係から、単純化と専門化を分析した（新戸、1996）。その後、人間による生産システムの骨格をなす科学的管理法がテイラー（1969）により提唱された。フォード生産システムはベルト・コンベアの活用によって、飛躍的に生産性を増進させた（フリンク、1982：84-90）。トヨタ自動車はジャスト・イン・タイムに代表されるリーン生産方式によってさらなる発展を成し遂げた（景山、1993 年：39-61）。

　生産に関する研究は労働者による作業の効率性向上に始まり、工場内での労働者と機械設備による活動の統合体へと発展した。トヨタ自動車は工場外に

ある経済主体が異なる部品供給企業との連携へと生産システムの対象を拡大した。

　このような変遷を我が国における農業経営に対応させてみよう。高齢化する農業の担い手に作業効率の促進をさせることはまったく現実的でないことは議論の余地がない。また例えば、暑さに対応するための送風機が装着された服装や冷房機能付きトラクターは作業環境を大きく変えるものであるが、それらは作業効率の向上よりも、作業時間の延長を促進させるものであると認識される。

　機械化による作業効率の向上は飛躍的に推進されている。トラクターの開発は土壌を適切に整えるための多大な労力を一気に解消する。乗用型の草刈機の開発は高齢化に対応している。最先端にある例えば、リモートコントロールが可能なトラクターやドローンの活用による農薬散布等、最先端技術が駆使された農作業の近代化は大量生産システムそのものが適用されたものであるといえよう。

　ただし、素晴らしいそれらの生産手段は大きな投資と、原価償却するための一定期間を必要とする。次節において考察されるが、大量生産は農産物のコモディティ化をますます促進させるものであり、生産量の効率的増加に伴い、価値（価格）は低下するという根本的問題がある。また、農地面積が小さな我が国にあって、それらを導入する十分なメリットが得られない。そして、それらを高齢化した農家が投資できるのかという根本的な問題が指摘される。

　このような問題を克服するものとして、各農家の共同・協働による大規模化という方向性も取り得るひとつの選択肢となる。これは農業機器にみられる工業化ではなく、現代的農業経営の推進であり、我が国における重要な改善策であるが、複数の農家をまとめる能力を持った管理者を必須とする。この動きは近年若手新規参入農家にみられる注目すべきものである。

　農業の効率化に横たわる大量生産システムや機械設備も含めた生産手段は筆者が対象とする生産規模の小さな兼業農家にとって採用が困難であることが理解されよう。誤解のないように、農業における効率化の大切さを筆者も理解する。しかし、それは本研究の対象とするものではないというだけのことである。

3. 一般的商品と農産物

　農産物も商品であることから、ここでいう一般的商品は農産物以外の加工・製造された商品を指す。一般的商品の性格を理解することは農業経営の方向性を検討する際のひとつの指針になるものと筆者は考える。商品流通の歴史に従って話を進めよう。

　生産者の資本規模が小さな時代、ある属性における商品は多様に存在した。誤解のないように付け加えれば、その事実は消費者にとっての多様な商品購買の選択肢の存在を意味しない。資本主義の勃興以前にあって、資本規模の関係だけでなく、交通機関の未発達による流通機構の未成熟によって、商品を広範囲に行き渡らせることが困難であったためである。

　産業革命以降、商品が広範囲に流通する基礎が形成される。それだけでなく、大量生産それ自体に商品流通を促進させる要素が備わる。大量生産は原材料の大量仕入れを生じさせる。その購買力をもとに、仕入れ原価の引き下げを商業者に要請する。大量販売によって得られた利益は機械整備の充実を促進させ、生産力をますます高める。その結果として、ある属性に存在する、競合する中小零細規模の製造企業が生産した商品に対する品質と価格面での絶対的優位性を獲得し、それらを倒産に追いやる。

　しかし、大量生産された商品は小売店の至る所で見られる。小売店は店舗間の競争において、まったく同じ商品であるがゆえに価格の引下げがなされる。小売市場での低価格競争は遠からず製造企業にも影響を及ぼす。競合他社に打ち勝つための低価格競争は自らの財務状況を悪化させるという悪循環を形成する。

　一般的商品が歩む必然的な過程は農産物に置き換えて繰り返し考察する必要はなかろう。デフレーション経済にある今日、また、名目賃金の引き下げがその根本的な要因のひとつにあるが（吉川、2013）、可処分所得が低下する消費者にとって、そのような商品を積極的に購入する必然性は無視できない。しかし、そのような消費者であっても、こだわりのある対象に対する消費は惜

しまないという事実は見逃せない。消費者は節約すると同時に、限定的な対象に対する積極的な購買をする行為、それをわれわれは「消費の二面性」と呼ぶ（今光・松井、2015：22-25）。そこに注意を向けることが兼業農家にとって重要だと筆者は認識する。

　次に、一般的商品の特殊な商品として、高級アパレルブランド商品をみておこう。高級アパレルブランド商品の品質は機能的側面では測定が困難な要素が多分にある。例えば、縫製のための繊維が丈夫さという基準において、機能的に劣っている場合がある。しかし、そのような繊維の使用によって、滑らかな曲線を服装に創り出すことが可能となる。繊維に負荷が少しかかるだけで千切れることによるマイナス面より、感性の表現を優先しているといえよう。それは芸術品と同様な性質を示す観念財に近いものである。「制度経済学の創始者」であるヴェブレン（1961：70-100：161-181）は人間の本性としての購買意欲に関して、社会的地位を示唆させるような消費を衒示的消費と呼び、服装を代表的商品であるとした。「価格理論の代表的研究者」であるチェンバリン（1966）は経済学にある市場の根本的問題を紐解く。演繹的説明を積極的に試みれば、生産過程に努力や工夫が豊富になされるならば、それらの要素は競争上の優位性を形成し、それらを適切に消費者に訴えかけることができれば、低価格競争に巻き込まれることなく、価格を高く維持できるだけでなく、価格が高いことが商品の素晴らしさを示す尺度となり、その結果として、販売が容易となる。高級アパレルブランド商品を事例としたが、高品質高価格な商品は低価格競争に巻き込まれることなく、それは商品に関する情報が豊富にあることを意味し、商品販売時、消費者に情報を適切に伝えることによって、購買意欲を高めるための材料となる。

　直上の内容を農産物に置き換えれば、農産物そのものが特徴・個性を有することが重要であるということである。それらの要素それ自体が価格を引き上げるだけでなく、小売業者にとって、消費者の購買意欲を高めるための豊富な情報の素材となるからである。そのような商品は低価格競争に巻き込まれることを回避し、大量生産された商品よりも相対的に商圏を拡張することになる。情報化社会の発展した今日、ソーシャルネットワークの活用も有効となる。こだ

わりのある消費を選好する消費者はそれらの情報を積極的に集め、購買のための時間と費用を惜しまない。「アメリカ進歩派の経済学者」であるガルブレイス（1960）は豊富な物質に満たされた社会にあって、各企業は新しい商品を次々と市場に導入し、消費者に購買させる。消費者が商品の購入、その行為を当然なものとして受け入れる豊かな社会に本当の幸せは存在するのか、国民に問いかける。まさに、こだわりへの消費はそのような商品に関心を示さず、精神的な豊かさを求めるものであり、そのような消費者の数は相対的には少ないものの、兼業農家の生産量からすれば、適切なアプローチがなされたならば、その絶対量は十分過ぎるものと筆者は認識する。

4. 流通重視の農産物

「流通重視」とは「流通しやすい」と読み替えて頂きたい。

先述された内容から、効率性を高めることを優先するのではなく、また、それは投資による財務的リスクを抱え込むことなく、差別化された農産物を生産することが重要である。この「差別化」はマーケティングにみられる差別化とはまったく異なることに注意されたい。マーケティングにみられる製品差別化戦略は商品そのものの質的・内容的改善を図ることなく、付帯的な要素、特に、ブランドのイメージを良好なものにすることによって、販売を実現しようとするものであり、差別化された商品であるかのようにみせかける戦略である（松井、2019：14-15）。繰り返せば、ここでの差別化は商品そのものの差別化を指す。

市場の動きを観察し、消費者が求める農産物を決定するための市場調査が重要となる。市場調査には多くの費用と時間の投入が必要だと思われるかもしれない。理論において強調される点として、競争力の強い商品、先述した高級アパレル商品の市場調査は洞察力・直感が重要である。こだわりのある消費者の市場を楽しみながら読み取ることである。例えば、健康志向を、懐かしさを、希少性を、本来の味をという基準で検討するのもいいのではないか。

次に、差別化された農産物を誰に販売するのかという問題を考えてみよう。

消費者を兼業農家が直接的に探索するのは至難の技である。本業は生活の柱であり、本末転倒になってはならない。誰かを介する間接流通は消費者との直接的なやり取りをする直接流通に対する費用の節約がなされるという原理がある。その中にあって、仲介する主体が社会的な存在であることが重要である。紙幅の関係もあり、原理そのものではなく、社会性について、演繹的な説明を実践事例も交えてしておこう。生産者と消費者に信頼される事実に対して、社会性があるという表現を便宜上する。社会性のある農産物取扱先を探し出す際、農業共同組合、また、それが管理する農産物直売所も選択肢のひとつではあるが、それらはひとまず対象外とする。具体的・実践的には、小売店舗である必要はなく、多様な農産物の取扱店舗が候補となる。古民家を再生する多くの店主はこだわりが強く、こだわりのある客を引き付けるだけでなく、距離的に離れ、過去に付き合いがなくとも、「古民家再生」をキーワードに寛容な関係性を形成する（菊森、2018：190-193）。筆者は「アカリ珈琲」を取次店舗とした。コーヒー豆を自ら焙煎し、食事のメニューは少ないが非常に美味しい。照明器具デザイナーの店主の感性が至る所に見られる趣のある店内である。店主に農産物に関する詳細な情報を伝えさえすれば、市場価格、客の反応、品質等を考慮した上で、価格を適切に設定してもらえる。農産物に関する情報は客から問われることもあるが、さりげなく店内の他の客にも聞こえるように農産物に関する話題を提供してもらえる。そのような行為について、店主

図 12-1　農業経営における流通重視への取り組み

には「いいものを提供することは自分の信念だから、いい農産物も紹介したい
し、客とのコミュニケーションの話題にもなるので取り扱うことにやぶさかで
ない」と言われた。まさに、店主は社会的な役割を担っており、農産物を誠実
に栽培する兼業農家にとって素晴らしい流通業者であるといえよう。実際、そ
の成果は素晴らしいものがある。

5. 兼業農家による農業経営

　本節は筆者と有志による実践と実験の紹介となる。

　先述したように、基本的に農産物はそのものの価値が重要となる。価値の
柱・基準になるものとして、筆者はふたつ取り上げた。ひとつは価格が安定
し、需要が十分に見込める野菜である。健康志向という視点から天然のインス
リンと呼ばれる菊芋、年齢の比較的高い人にとって懐かしいムカゴ、濃厚な味
のインカの目覚め、ニンニク等を栽培している。もうひとつは形や大きさの不
均一よりも、本来の味を有する野菜である。可能な限り無農薬で栽培すること
により、大根やニンジン等、葉を付けた状態で提供している。また、基本的に
自然に任せ、灌水を控えている。形や大きさは不均一、小ぶりになるが、本来
の味が引き出せているように感じている。極端な表現ではあるが、灌水作業の
手間を抜くことによって、魅力ある農産物を育てていると考えたい。その成果
は予想以上に好評であり、生産の拡大を図る必要がある。

　流通に関して、ホームページを作成し、ネット販売をする農家が今日ます
ます増加している。非常に魅力的ではあるが、本研究の対象とする兼業農家に
とって、商品の発送やクレームの対応等の負担は大きく、現実的ではない。そ
れゆえ先述したように、こだわりのある取扱店舗を探した。リーフレットに農
園の情報を掲載し、顧客獲得のための足がかりにする。取扱店舗は、まとまっ
た量の購入を希望する顧客との個別的取引のための出発点でもある。

　筆者の考えに共感する一般家庭に育苗を依頼している。育苗による一般家庭
の報酬は収穫された野菜である。ひとつの例として、サツマイモは育苗のため
の1個の種芋に対して、10倍の現物を報酬とし、希望があれば、収穫作業を

行ってもらい、収穫物の中から選択してもらうようにした。一般家庭に対する楽しみと兼業農家の作業負担の軽減を兼ね備えた。もうひとつは各家庭の生活リズムに合わせて、依頼する野菜を適切に選択し、複数の家庭に育苗依頼することでリスクの回避を図っている。

菊芋は市場価格の半値以下で予約販売し、販売の不確実性を軽減する。ただし、販売活動の負担を軽減するため、販売単位はまとまったものとする。収穫後の菊芋は長期保存が困難であるため、乾燥した商品を販売する、6次産業化は付加価値を高めるひとつの方法である。乾燥を工場に委託する場合、加工費用や工場までの移動時間等の問題もある。菊芋は収穫期間が長いことから、天候を確認しながら、適切な日に収穫し、その場で乾燥作業を行う。

多くの優良企業・ベンチャー企業経営者との関係が深い研究所代表と現代的農業経営を実践する農家との間に、「K&Msこらぼ事業」を立ち上げ、革新的な農業企画を推進している。

6.　お わ り に

本研究は筆者の研究蓄積を兼業農家の自立的経営に関する実践的研究に応用し、素人である筆者自身が農作業を行い、その意味では兼業農家と同じ目線から実践し、気付いた個々の問題に対する実験を試みている。先述された内容はあくまでもひとつの提言に過ぎない。各農家の置かれた環境に実践の内容は大きく左右されるからである。

筆者が現在取組んでいる農業に関する思考や実践はダン（2019）が提唱する「デザイン思考の実践」に近いように思われる。それは課題に関する一般的常識・慣習にとらわれない思考、課題解決に向けての純粋な試行錯誤を意味する。情報は膨大に溢れる時代である。しかし、筆者の実践過程における疑問に答える適切な解答はなかなかみつからず、実験するに至るものが多かった。通説的・一般的見解が最善の方法とは限らないという気持ちを持つことは大切なのではないか。

兼業農家による生産量には明確な限界がある。それを満たすだけの需要が

確保できれば販売は完了する。流通させやすい農産物を作ること、協働しながら作業・活動をし、消費者に販売される最終局面に関心を示すことが重要である。それらのすべての活動・行為に対して、好奇心を持って楽しむという気持ちが大切なのだと思う。

文　献

今光俊介・松井温文（2015）「複雑化する消費者行動」齋藤典晃・松井温文編著『最新マーケ
　　ティング』五絃舎
景山僖一（1993）『トヨタシステムの研究 ― 日本自動車産業論 ―』産能大学出版部
ガルブレイス，J. K.／鈴木哲太郎訳（1960）『ゆたかな社会』岩波書店
菊森智絵（2018）「再生古民家が人を惹き付ける理由」『地域活性研究』10、190-193
新戸雅章（1996）『バベッジのコンピュータ』筑摩書房
スミス，A.／山岡洋一訳（2007a）『国富論 ― 国の豊かさの本質と原因についての研究 ―
　　（上）』日本経済新聞出版社
スミス，A.／山岡洋一訳（2007b）『国富論 ― 国の豊かさの本質と原因についての研究 ―
　　（下）』日本経済新聞出版社
ダン，D.／菊池一夫・町田一兵・成田景堯・庄司真人・大下剛・酒井理訳（2019）『デザイン
　　思考の実践 ― イノベーションのトリガー、それを阻む3つの"緊張感" ―』 同友館
チェンバリン，E. H.／青山秀夫訳（1966）『独占的競争の理論 ― 価値論の新しい方向 ―』至
　　誠堂
テイラー，F. W.／上野陽一訳（1969）『科学的管理法』産業能率短期大学出版部
フリンク，J. J.／秋山一郎訳（1982）『フリンク カー・カルチャー』千倉書房
ヴェブレン，T.／小原敬士訳（1961）『有閑階級の理論』岩波文庫
松井温文（2019）「製品戦略の歴史」松井温文編著『マーケティングの理論・新展開』五絃舎
吉川洋（2013）『デフレーション』日本経済新聞出版社

（松井　温文）

第13章

高校生の金融リテラシー教育と
岡山商科大学：課題と展望 [1]

1. はじめに ― 金融リテラシーの重要性 ―

　金融リテラシーとは、「金融に関する健全な意思決定を行い、究極的には金融面での個人の良い暮らしを達成するために必要な金融に関する意識、知識、技術、態度及び行動の総体」（OECD 金融教育に関する国際ネットワークの「金融教育のための国家戦略に関するハイレベル原則」（2012 年 6 月）における定義）とされる。個人がより良い暮らしを送っていく上で、金融リテラシーは欠かせない生活スキルといえる。「金融経済教育研究会報告書」（金融庁金融研究センター、2013 年 4 月 30 日）における「金融経済教育の意義・目的」の項で、(1) 生活スキルとしての金融リテラシー、(2) 健全で質の高い金融商品の供給を促す金融リテラシー、(3) 我が国の家計金融資産の有効活用につながる金融リテラシーの 3 つの観点から、金融リテラシーの向上の重要性が述べられている。それぞれを引用してまとめると、次の通りである。

　「(1) 生活スキルとしての金融リテラシー」：ライフステージにおいて、貯蓄・資産運用商品、住宅ローン、保険等、様々な金融商品とかかわることは不可避である。このため、より良い暮らしのためには、教育・住宅取得・老後の生活等に備えた生活設計に合わせて金融商品を適切に利用選択する知識・判断力を身につけることが重要となる。

　「(2) 健全で質の高い金融商品の供給を促す金融リテラシー」：金融商品の仕組みとリスクがますます複雑化する中で、利用者保護の実現には、当局による

規制だけでなく、利用者側の金融リテラシーを向上させ、利用者の金融行動を改善することが重要である。また、利用者の金融リテラシーが向上し、利用者の選別の目が確かなものとなってくれば、より良い金融商品が普及していくことが期待される。

「(3) 我が国の家計金融資産の有効活用につながる金融リテラシー」：家計金融資産はその過半が現預金で運用されており、株・債券等の有価証券への運用が少ない。その要因の一つとして、有価証券への分散・長期投資のメリットについての理解が十分でないことが考えられる。資産種類や投資時期の分散・長期投資を行うことにより、中長期的により良いリターンを安定的に得ることが可能である。また、こうした分散・長期投資が、結果として、成長分野への持続的な資金供給に資し、経済成長に貢献することが期待される。

2. 岡山商科大学の金融教育

2020年4月現在、岡山商科大学には経営学部商学科・経営学科、経済学部経済学科、法学部法学科の3学部4学科が設置されている。しかし、1965年4月に創立された当初は、商学部商学科のみの単科大学であり、その校名から理解されるように「商」という言葉を中心とした科目が配置されていた。創立された当初の商学部商学科での金融教育に関連すると思われる科目は「金融論」「簿記学」「簿記一・二」であった。「金融論」はマクロ経済学の一部としての専門的な金融理論を学ぶことが主眼点であった。「簿記学」「簿記一・二」という科目名はその後「簿記論」へと変更され、簿記の枠を超えて経営学部経営学科の会計コースと会計専門コースへと発展存続している。金融教育という観点からは、経営学部商学科の「ファイナンシャルプランニングコース」（2008年4月設置）、経済学部経済学科の「金融コース」（2018年4月設置）、全学部学科共通の「金融総合教育プログラム」（2018年4月設置）がその役割を果たしている。

経営学部商学科のファイナンシャルプランニングコースでは、岡山商科大学ホームページ（以下、本学HP）によれば「個人金融資産を実社会の中で活か

す方法や、金融リテラシー（お金の知識・判断力）を”生活スキル”として身につけるための知識や技術を学びます。パーソナルファイナンスを中心とした専門分野を習熟し、FP資格を取得して、地元の銀行・信用金庫、不動産等の各分野の最先端で活躍しようとする意欲的で積極的な学生を育成しています」とのことである。主要科目としてはライフプランニングと資金計画・リスク管理、金融資産運用・不動産Ⅰ、タックスプランニング、相続・事業承継、証券市場論Ⅰ・Ⅱなどが配置されており、金融リテラシー教育中心のカリキュラムとなっている。さらに、学外へ向けての活動として「キッズマネー教室」を開催しており、小学生向け金融リテラシー教育を行っている。

　経済学部経済学科の金融コースでは、本学HPによれば「金融とは、お金の余っているところから、足りないところへお金を回すことで、人体の血液循環に例えられます。お金に関係するあらゆる問題を扱い、日常生活において必要とされる金融リテラシーについても学んでいきます。さらに、経済理論をベースとして金融に関する知識を深め、変化の著しい金融の世界を渡っていける人材を育成します」とのことである。主要科目としては金融論、国際金融論、地域金融論、金融政策、開発金融論、金融工学入門、経済数学、金融特別演習、時系列データ解析、金融リテラシー講座・資産運用編などが配置されており、金融の様々な専門的知識を習得することに主眼点が置かれたカリキュラムであるとともに、金融リテラシー教育にも配慮されている。

　全学部学科共通の「金融総合教育プログラム」では、本学HPによれば「金融の基礎から実践的な学びまで金融に特化したプログラム。社会のニーズに答えられる知識と判断力を持った人材を育成します」とあるように、金融教育を総合的に補強している。さらに、2019年4月からは未来に向けて電子マネーや仮想通貨など従来なかった金融の仕組みについて解説する科目として「ネットビジネス論1、2」が設置され金融教育を補強している。

3. 岡山商科大学による県下の金融リテラシー調査概要

　「日銀おかやま金融経済レポート（2017 年 6 月）」によると、金融広報中央委員会によって実施された「金融リテラシー調査（2016）」の結果では、岡山県全体の金融リテラシーは全国的に高い水準を示している。その一方で 18-19 歳の若年層においては全国的に低いことが示されており、若年層の金融リテラシー教育を実施することで岡山県全体の金融リテラシーの底上げにつながることが示唆されている。そのため、本アンケート調査では、若年層の金融リテラシー教育について検討を行うため、ここで指摘されている 18-19 歳の若年層を数年後に形成する高校 2 年生に焦点を当てて、調査を行った[2]。本アンケート調査では、金融広報中央委員会によって実施された「金融リテラシー調査（2016）」を基にアンケートの設問項目を設定している[3]。本アンケート調査の内容については下記の通りである。

調査名　「岡山県の高校生に対する金融経済教育の実態調査」
実施方法
　　調査方法：校内にて配布調査
　　調査実施高校数：34 校
　　調査実施委任機関：各高等学校の担当者
　　調査実施期間：2018 年 8 月〜 12 月
　　調査対象：各高等学校の 2 年生
回収状況
　　有効回答者数：5,322 人

　本調査では、岡山商科大学との関係がある岡山県内 34 校の高等学校の校長に調査を依頼し、高等学校 2 年生を対象にクラス担任教員を通じて回答をお願いした[4]。それぞれの高等学校の 2 年生の中で、どのクラスに対して（もしくはどの生徒に対して）アンケートを実施するかについては、それぞれの高等学校の判断に委ねている。また調査実施期間については 2018 年 8 月から 12 月の間にて行っており、アンケートの実施日時についてもそれぞれの高等学校の

事情等を考慮して、幅を持たせた期間を設け、高等学校の判断に委ねた。高等学校の事情として、授業をはじめホームルーム等の運営については、年間計画を基にすでにカリキュラムで決まっており、アンケート調査を実施する時間を設けることが難しい。そのため、アンケート調査結果の回収数をある程度確保し、それぞれの高等学校の負担を軽減するため、ある程度の柔軟な対応ができるように調査対象のクラスや生徒、実施日時については幅を持たせて設定した。その結果、実施期間内において、有効回答者数5,322人のアンケート調査結果を回収した。

4. 高校生の金融リテラシー教育の課題と展望
―アンケート調査結果についての考察―

　本節では岡山商科大学によるアンケート調査結果（以下、商大）と金融広報中央委員会（2019）のアンケート調査結果の岡山県を対象とした部分（以下、金中委）を一部比較検討する[5]。

　表13-1の1列目が金中委による岡山県民全体をサンプルとした金融リテラシーレベルの報告であり、表13-1の2列目が商大による岡山県の高校2年生のみをサンプルとした金融リテラシーレベルの報告である。金融リテラシーを

表13-1　金融知識の比較（県民全体 vs 高校生）

項目	岡山県全体	高校生（岡山）
家計管理	54.2	45.6
生活設計	53.1	33.7
金融取引の基本	76.7	61.4
金融経済の基礎	51.3	17.3
保険	56.8	46.6
ローン等	55.9	
資産形成	55.8	34.8
外部の知見活用	67.1	50.8
合計	58.4	39.8

測る質問（正誤問題）は金融リテラシーの項目ごとに分類されている。具体的には：家計管理、生活設計、金融取引の基本、金融・経済の基礎、保険、ローン等、資産形成、外部の見識活動の8項目である[6]。各項目を構成する質問の正答率を集計し、項目ごとの正答率を計算している。表13-1の結果をレーダーチャートにして示したのが図13-1である。点線が岡山県民全体、実線が岡山県の高校2年生の正答率を表している。

　全体としてわかることは高校生の正答率は県民全体の正答率と比較して低いということである。7項目すべてにおいて、高校生の正答率は県民全体の正答率を下回っている。実は高校生など若年者の金融リテラシーが相対的に低いという結果は、これまでもOECD（2017）等で示されている。また本邦を調査対象としたものとしては2016年および2019年の金中委のレポートがあるが、それによれば岡山県民の中で金融リテラシーレベルが最も高い世代は60歳から69歳、逆に最も低い世代が18歳から29歳である。

　想定通り、今回の商大の調査結果によって高校生はさらに低いというデータが得られ、年齢の効果を確認することができる。しかし意外にも、県民全体と高校生の差は各項目について均一ではなくばらつきがあった。このことを年齢の効果だけで説明するのは難しく、したがって高校生特有の傾向について検討することは意義があると思われる。

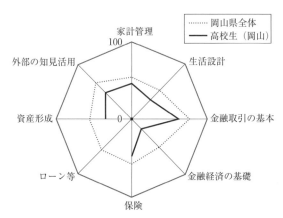

図13-1　金融知識の比較（県民全体 vs 高校生）

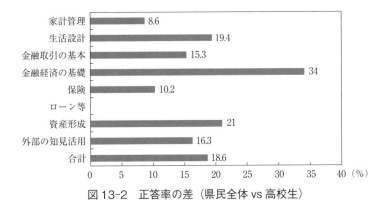

図13-2　正答率の差（県民全体 vs 高校生）

　　まず岡山県の高校生が特に苦手としている金融リテラシーの項目は何であるのか検討しよう。図13-1の実線（高校生）と点線（県民全体）の差分をグラフに示したのが図13-2である[7]。これを見ると高校生が相対的に苦手としているのは「金融・経済の基礎」であることがわかる。この結果は端的な現れ方をしており、県民全体と比較して正答率が34％も低い。続けて「資産形成」が21％低く、「生活設計」が19.4％低い。「金融・経済の基礎」は具体的には、金利／物価とインフレ率／変動金利と固定金利などの話題が含まれる。なお「資産形成」は具体的には、投資のリターンとリスク／ペイオフなどの話題が含まれる。「生活設計」は具体的には、複利計算／人生の3大費用などの話題が含まれる。

　　高校生が苦手としている「金融・経済の基礎」について詳しく見ていく。「金融・経済の基礎」の項目は3つの個別の質問から構成され、いずれも成人を対象とした金中委の全国調査と比較可能である。各質問の内容は、金利に関する質問が『100万円を年利2％の利息がつく預金口座に預け入れたとき、5年後の口座残高はどうなるか』、インフレ率に関する質問が『インフレ率2％のとき、預金の利息が1％ならば、1年後の購買力はどうなるか』、固定金利と変動金利に関する質問が『金利が上がっていくときに資金の運用・借り入れについて適切な対応はどれか』である。この質問に対する正答率を比較したのが図13-3である。

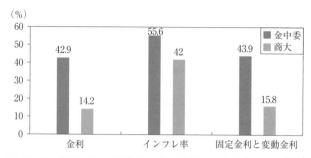

図13-3　質問ごとの正答率の差［全国 vs 高校生（岡山）］[8]

　図13-3によれば金利に関する質問の正答率は商大14.2%、金中委42.9%であり、インフレ率に関する質問の正答率は商大42%、金中委55.6%となる。また固定金利と変動金利に関する質問の正答率は商大15.8%、金中委43.9%であった。差をみるとそれぞれ28.3、13.6、28.1であり、インフレ率に関する質問については特段に大きな差があるわけではないものの、金利および固定金利と変動金利に関する質問の正答率が著しく低いことが分かる。正答率が低い原因として、金利の問題は複利の計算が必要であり難易度が高かったことが考えられる。固定金利と変動金利については実際に運用や借入れの際に用いる知識であることから、普段そのような金融取引を行っていない高校生に馴染みが薄かったことが考えられる。

　さらに他の個別の質問も調べていくと、高校生が相対的に高正答率であるのは次の質問に対してであった：『インターネット取引において、適切でないと思うものはどれか』。この質問に対する正答率は75%を超えており、高校生のITリテラシーへの関心や興味の高さを伺い知ることができる。金中委による全国の成人を対象とした調査でも正答率は80.2%であり、両者は近い値となっている。インターネットの利用に関係した金融リテラシーという点では、岡山の高校生は成人と遜色ないレベルで高いと言えそうである。

　なお補足であるが、「金融・経済の基礎」「資産形成」「生活設計」の項目と比べて、県民全体との差がついていないのは、「家計管理」「保険」の項目である。「家計管理」はクレジットカードの使い方などが話題に含まれ、「保険」は

保険の知識やその活用法が話題に含まれる。

　ここまでの一連の議論をまとめると、高校生の金融リテラシーレベルの項目ごとのばらつきは、その項目が高校生にとって身近な話題であるかどうかに依存して生じているのだと考えられる。つまりインターネット取引のような話題は、普段からスマートフォンを利用してSNSや個人オークションサイトを利用することがある高校生にとって身近な話題であるため、ITリテラシーに近接する金融リテラシーは身に付きやすいやすいのかもしれない。「家計管理（クレジットカード）」や「保険」についても同様に、家族の言動を観察することを通して、間接的ではあるが家庭の中で接する可能性のある話題であろう。

　一方で「金融・経済の基礎」「資産形成」「生活設計」に含まれる金利／インフレ／投資リスク／複利計算などは、金融に関する大学入門レベルの教養であると考えられ、高校生にとって必ずしも学ぶ機会が確保されているものではなく、身近な話題であるとは考えづらいものである。つまり特定の情報へのアクセスのしにくさが、高校生の金融リテラシーを部分的に低下させていると予想できる。ところで金利／インフレ／投資リスク／複利計算などの知識は、高校卒業後に資産形成をする際に必要不可欠なものであるし、不利な金融商品の購入や金融トラブルを回避するという観点からも必要な知識であろう。それが十分に身に付いていないという現状を鑑みると、高校在学中あるいは遅くとも卒業直後における金融教育の実施は、岡山の高校生にとって喫緊の課題であると言えそうである。

　実はすでに岡山商科大学経済学部では高校卒業直後の教育政策の一例として、主に1年生向けに金利／インフレ／投資リスク／複利計算など、いわゆる金融の教養を教授するための教育を実践している。これは若年者特有の弱点を克服することを目的の一つとして、日本銀行岡山支店様、岡山県銀行協会様、日本証券業協会様、日本損害保険協会様をはじめ、様々な組織から一線でご活躍されている金融のプロを毎週招聘し、講義を行っている。

　さらにこのような（不得意分野を解消するという指向の）教育に加え、今日の高校生が比較的得意とするITリテラシーに隣接した金融リテラシーについても、教養を深めていくことが（得意分野を伸ばすという意味で）重要でもあ

る。近年、岡山商科大学経済学部では経済データサイエンスコースを設置し、コンピューターの技能や統計学およびプログラミングを学べる制度を整えた。実際これらの教育効果はすでに発現している可能性があり、2019 年度は岡山商科大学経済学部の卒業生が東京工業大学の経営工学系へ大学院進学しており、2020 年度は IT 企業のエンジニアを輩出している。今後さらに IT 教育を強化し、金融リテラシー教育との相乗効果を確認することとしたい。

ここに示した分析結果はあくまで一端である。紙面の都合上、記載しきれなかった分析結果は渡辺・佐々木（2021）にまとめられている。

5. おわりに

金融リテラシーは私たちの生活を豊かにするためのツールである。今日の成熟社会にあって、所有物を質的にも量的にも増やそうとする物質的な豊かさから、サービス産業の拡大にみられるように、精神的な豊かさを求める動きがみられる。それだけでなく、価値観（ライフスタイル）の多様性に伴う多様な消費形態が現れた。それとは相反するかのように、可処分所得の低下を受け、商品の価格と機能が購買基準の中核になる傾向を強めている。理論的説明は紙幅の関係から割愛するが、企業は多様な商品の供給と大量生産の追求という矛盾に直面する。経営は不安定になり、企業に雇用される消費者の生活に対する不安を高め、金融リテラシーの重要性を必然的に高める。

必要性に直面する以前に、金融に関する知識を備えることは重要である。雇用・所得・年金などの将来的問題は深刻であり、経済学の前提である成長への期待が困難な時代にあって、将来設計やライフスタイルを検討し始める際に、金融に関する適切な判断能力はリスクの回避に大きく役立つ。繰り返せば、個々のリスクが生活に大きな影響を与える社会であるということでもある。高校生にとって、その学びは職業選択を真剣に考えるきっかけを与えるかもしれない。

直上の内容が事実であったとしても、自覚されない必要性に対して、高校生に関心を持たせるための工夫は欠かせない。その点に関する調査は今後の重要

な課題である。教育上の工夫に関するポイントとして、加齢による知識の蓄積が豊富な高齢者よりも、高校生は特定分野に関連する知識が豊富であるということもある。例えば、インターネット環境はすべての人に平等にその利用の機会を提供するものの、様々な要因から、一定の属性、例えば「若者」がその代表的利用者になる場合がある。彼らにとって身近な話題から学習の対象を広げていくような教育がなされることもひとつの方法なのではないか。

　教育活動として具体化する際に、本研究における調査結果を活用するのであれば、注意されたい点がある。加齢による知識量の自然的増加は高校生にも等しく与えられるものである。しかし、回答者がある意思決定や行動に至った経済・社会的背景は大きく異なる。60歳の回答者が過ごした高校時代の背景は今の高校生のそれとは大きく異なっている。例えば、人間関係の希薄化が進んでいると言われている。しかし、それは人間関係の形態が多様化し、「人間関係の深さ」を示す過去の基準は今の若者にとっての重要度が低くなったのかもしれない。特定の時代に、広く定式化された意識の現れとしてのアンケート結果の普遍性はあくまでも限定的であり、異なる環境下における再現はまったく保証されないという困難さがある。少なくとも高校生が置かれた環境を教育者は十分に理解し、教育者自身との差異を前提として、教育内容を設計する必要がある。さらに、高校生が生活する将来を見通す努力も怠ってはならない。経済現象は経済活動の根底に潜んだその時代の人々の考えや行動が反映されたものであり、将来の彼らの考えや行動を措定した上で、彼らが直面する将来的環境を予測しなくてはならない。その点を強調すれば、高校生だけでなく、教育者が経済を深く学ぶことは具体的な教育の基礎を形成するとも理解される。

謝　辞

　アンケート調査にご協力いただいた各高校の関係者様に御礼申し上げます。本研究は文部科学省・平成29年度私立大学研究ブランディング事業『寄り添い型研究による地域価値の向上』の助成を受けました。

文　献

岡山商科大学（1964）「岡山商科大学設置認可申請書」

岡山商科大学ホームページ（2020 年 6 月 23 日現在）

金融広報中央委員会（2016）「金融リテラシー調査」

金融広報中央委員会（2019）「金融リテラシー調査」

金融庁金融研究センター（2013）「金融経済教育研究会報告書」

日本銀行岡山支店（2017）「金融リテラシー調査からみた岡山県の特徴」

日本銀行岡山支店（2017）「日銀おかやま金融経済レポート」

渡辺寛之・佐々木昭洋（2021）「高校生の金融リテラシーとライフスタイル ─ 大規模アンケート調査に基づく実証分析 ─」『生活経済学研究』53、15-29

OECD 金融教育に関する国際ネットワーク（INFE（International Network on Financial Education））（2012）「金融教育のための国家戦略に関するハイレベル原則」（金融広報中央委員会仮訳）

OECD（2017）「PISA 2015 Results, Students' Financial Literacy（Volume IV）」

注

1) 1 節を鳴滝、2 節を蒲、3 節を井尻、4 節を佐々木と渡辺、5 節を松井が担当した。

2) 高校 1 年生の場合は中学校を卒業して間もない時期であり、高校生の金融リテラシーを測る上では、高校 2 年生や 3 年生のほうがより望ましいと考えた。また高校 3 年生の場合は、受験や就職活動を控えているため、アンケート調査を行う時間を取ることが難しい。そのため、本アンケート調査では高校 2 年生を対象としている。

3) 本アンケート調査の設問の一部は、2016 年に金融広報中央委員会が実施した「金融リテラシー調査」の設問から転載・引用し、設定している（設問の転載・引用については、2018 年 8 月 2 日に金融広報中央委員会事務局に対して申請を行い、同年 8 月 6 日に承認を受けている）。

4) 岡山商科大学高大連携アドバイザーの先生方のご協力を頂き、それぞれの高等学校の校長に調査を依頼した。

5) アンケート調査結果の詳細は渡辺・佐々木（2021）の付録を参照されたい。

6) ローン等の項目については高校生が対象ということもあり、質問のレベルを調整する際にアンケートから除外した。したがって岡山県全体と岡山の高校生とで比較可能であるのは 7 項目となる。

7) 「岡山県民全体の正答率」から「岡山県の高校生の正答率」を引いて求めた値である。

8) 「金中委」の印がついている左側の棒グラフは金融広報中央委員会による調査の正答率であり、全国の 19 歳〜 79 歳を対象としている。また、「商大」の印がついている右側の棒グラフは商大が実施した調査における正答率であり、岡山県の高校 2 年生を対象としている。

（鳴滝　善計・蒲　和重・松井　温文・井尻　裕之・佐々木　昭洋・渡辺　寛之）

第 14 章

地理学からみた経営系大学における地域連携の意義
— 岡山県真庭市におけるブランディング事業を事例として —

1. はじめに

　近年、地域振興や地域活性化に関連して大学と地域との連携が模索されており、国公立大学、私立大学を問わず地方の大学を中心に様々な取組みが行われている。特に、政府による地方創生の政策が重視される中、観光振興によって地域活性化を図る自治体と、観光や地域振興を学部や学科に掲げる大学との間で両者の連携活動が展開されている。例えば、日本における観光に関連した高等教育機関は、実学を重視した経営系や接遇の教育を重視したホスピタリティ系の比重が高い他国に比べて、人文社会科学における既存学問を土台とする人文・社会科学系や地域に根付いた研究成果を社会に還元する地域づくり系の比重が高いことが特徴である（山田、2016）。

　特に、人文科学の一分野であり、地域を対象とする学問分野である地理学においては、政府による地方創生の政策が重視される以前から、高等教育の中で地域における学生の実習や研究成果を地域社会に還元するなど、地域と深くかかわってきた。その取組みの多くは、特定の地域を対象として文化や産業など様々な視点から地域の現状を分析するというものである。

　中国地方の国立大学における地理学教室の例を示すと、岡山大学文学部地理学教室では、岡山県内の地域を対象にして半年間にわたる詳細な調査を実施し、その成果を報告書にまとめている。2016年には岡山県総社市を対象として、文献や統計による調査から総社市が岡山市や倉敷市のベッドタウンとして

の側面を持っていること、行政、農協に対する聞き取り調査を実施して総社市の農業や工業、さらには酒造業に関する地域的な特徴をまとめている[1]。

　一方、経営系の大学においては商品開発や企画提案を重視した地域連携の取組みが行われている。特に私立大学においては特定の地域や企業と提携した活動が多く、岡山県内の例を示すと、就実大学経営学部経営学科では、リージョナル・ビジネス・マネジメントコースを設けて、2年次から15週間にわたって岡山県内における企業や団体においてインターシップを行い、企業経営や地域の課題について学ぶプログラムを導入している。観光の分野においても、湯原温泉の旅館でインターシップの学生を受け入れ、職場での実習に加えて、湯原温泉を対象とする旅行プランを作成するワークショップを実施し、実際の旅行商品として採用されている[2]。

　岡山商科大学（以下、本学）においても授業の一環として、あるいは課外活動として学生を中心とする地域との連携活動を展開している。本学における地域と連携した活動はフィールドスタディと呼ばれ、主に岡山県内の10市町村と包括協定を結び、地域における諸問題を教員や学生によって解決したり、地域住民や行政、企業などと連携して課題に取組んだりと様々な活動を行っている。

　特に、本学の経営学部商学科では授業の中で地域の現状を分析し課題を発見する取組みや、観光施設における実習活動に加え、授業外の活動としても有志の学生による行事の補助活動や農作業の補助活動など、大学の規模に比して様々な活動が展開されている。筆者も本学の経営学部商学科に属し、地理学の立場からこれまで様々な活動にかかわってきた。そこで、本章では本学経営学部商学科の学生を対象とした岡山県真庭市との地域連携の取組みを事例として、地理学の視点から経営系大学における地域連携の意義について考察することを目的とする。

2. 真庭市における観光の現状

　真庭市は岡山県北に位置し、鳥取県と県境を接する自治体である。2005年に旧上房郡北房町、真庭郡勝山町、落合町、湯原町、久世町、美甘村、川上村、八束村、中和村の5町4村が合併して成立した。主な産業は農林業と観光業であり、中国自動車道沿線に位置する一部地域においては工業も発展している。真庭市の面積は岡山県内で最も広い828.53㎢を有し、市の南部に位置する旧勝山町や旧久世町、旧落合町、旧北房町などにおいては商業施設や住宅地が広がる比較的都市的な景観がみられる一方、市の中北部に位置する旧美甘村、旧湯原町、旧川上村、旧八束村、旧中和村においては農業や高原の景観が広がる農村地域となっている（図14-1）。2015年の国勢調査による人口は4万6,124人であり、他の地方都市と同様人口減少が著しい自治体である。

　真庭市における観光産業の中心は、市の最北部に位置する蒜山高原および湯原温泉、そして市の南部に位置し、城下町起源の歴史的町並みを観光資源とする勝山地域である。特に蒜山高原と湯原温泉は、日本においてマスツーリズムが進展した1950年代から西日本における著名な観光地として知られ、現在でも真庭市に限らず岡山県内においても倉敷美観地区や後楽園に次いで多くの集客を擁する観光地である。

　蒜山高原は、蒜山三座の南に広がる高原を有する観光地であり、1960年代には高原の西部に位置する三木ヶ原を中心に観光開発が進められ、蒜山高原センターや休暇村などレジャー施設や宿泊施設、飲食店が立地している。高原観光地として発展した蒜山高原は、関西方面からの団体旅行客や別荘を利用する個人客が多く来訪し、西の軽井沢とも称された。また、同時期には農家の入植が推奨され、県の政策によってジャージー牛が導入されたことから多くの農家が酪農を営み、牛乳や乳製品が地域の特産品となっている他、土産物の原料としても活用されている。一方、湯原温泉は戦国時代以前から、たたら製鉄を営む人々の湯治場を起源とする温泉地として発達した温泉観光地である。明治時代より歓楽機能が高まり、谷あいの狭小な土地に多くの旅館やホテルが立地し

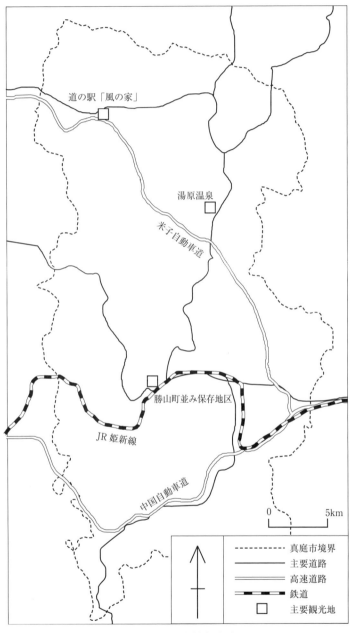

図 14-1　研究対象地域

ている。北部には温泉番付でも西の横綱に掲載されるほど著名な露天風呂である「砂湯」があり、この露天風呂の北側に位置する湯原ダムと合わせて湯原温泉を代表する景観を形成している。

　これら真庭市を代表する２つの観光地は、バブル経済期の1980年代に最も発展し、岡山市内と蒜山高原や湯原温泉がバス交通で結ばれるなど岡山県内外から多くの観光客を集めた。しかし、バブル経済の崩壊以降は観光客需要の多様化も影響し、観光客数は減少傾向にある（図14-2）。こうした状況を受け、蒜山高原や湯原温泉では様々な対応策を講じてきた。

　蒜山高原では、観光の中心地であった旧川上村において、農業を活用した観光振興策を推進することを目的として、旧川上村と農協、酪農協の３者の出資によりグリーンピア蒜山が設立された。グリーンピア蒜山では、農産物直売所を併設した土産物販売施設、２つの飲食店、ハーブガーデン、スキー場の５施設を運営し、このうち土産物販売施設は1997年より道の駅の登録を受け、グ

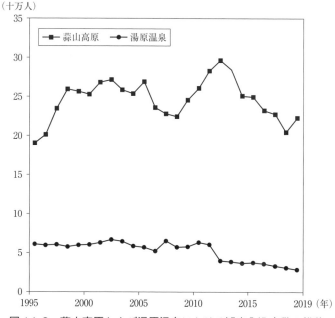

図14-2　蒜山高原および湯原温泉における観光入込客数の推移

リーンピア蒜山において中核を担う施設となっている。2011 年には、蒜山高原の B 級グルメであるひるぜん焼そばが B-1 グランプリを獲得したことから観光客が急増し、以降も農産物直売所を利用する観光客や地元客らが利用する観光施設として機能している。

　一方の湯原温泉では、6 月に開催される露天風呂の日や 8 月に開催されるはんざき祭りなどのイベントに力を入れるほか、新たなイベントとして旧湯原町全域を対象とするトライアスロン大会を開催している。これは、これまで湯原温泉街を中心に展開されていた諸活動を温泉街以外の地域にも広げることを意識して実施された企画である。このように真庭市における主要観光地の状況が変化していく中で、本学におけるフィールドスタディの取組みが実施されることとなった。

3．真庭市における岡山商科大学と地域連携の取組み

（1）　真庭市における地域連携活動の経緯

　蒜山高原や湯原温泉における岡山商科大学の地域連携活動は、前項で述べた観光地の衰退に伴って新たな取組みが模索される中、大学による地域貢献を目的として実施されてきた。また、岡山商科大学では 1997 年から 2009 年にかけて当時の商学部に国際観光学科が設置され、学部改組後も商学科の観光コースが存続しており、観光を学ぶ学生のフィールドとしても活用されてきた。本地域における岡山商科大学による活動の端緒は、当時の国際観光学科に所属し、実家が湯原温泉で宿泊施設を経営する学生の発案によって、当該宿泊施設におけるホテル業務の実習が実施されたことであった。以降、この学生が卒業後も実習は数年間継続され、その後は湯原温泉における祭礼行事やイベントの補助活動に学生が関わってきた。

　具体的には、毎年 6 月に実施される祭礼行事である「露天風呂の日」の補助活動として、露天風呂の清掃に協力するほか祭礼時の巫女役を本学学生が担っている。この行事は、温泉に対して感謝の意を表するために湯原温泉郷の約 10 か所の源泉から湯を持ち寄り、湯原温泉の中心的な露天風呂である「砂

湯」に注ぐというものである。「6（ろ）」「・（てん）」「26（ぶろ）」の語呂合わせから毎年6月26日に実施され、当日は地元メディアも取材に訪れるなど岡山県内においては著名な行事となっている。また、毎年8月には「はんざき祭り」が実施され、本学学生が実行委員会のスタッフとしてステージイベントや出店の補助をするほか、湯原温泉内を練り歩く山車の引き回しに参加するなど大きな役割を担っている。

　はんざき祭りの「はんざき」とはこの地域における天然記念物であるオオサンショウウオを指す。かつて、巨大なオオサンショウウオがこの地域に災いをもたらしたという伝説を由来として、毎年8月8日にこの災いを鎮めるための祭りとして実施されている。はんざき祭りの中心的な行事は、オオサンショウウオを模した山車を湯原温泉内において引き回すことであり、祭り当日にはこの山車を含めて3つの山車が引き回されることから、多くの人員が必要である。このはんざき祭りも地域の著名な祭りとして、また全国的にも奇祭として知られる行事である。

　これらの行事における補助活動は、本学教員が中心となって湯原温泉観光協

表14-1　湯原温泉及び蒜山高原における地域連携活動の実施状況

実施年度	湯原温泉		蒜山高原	
	事業名	参加人数	事業名	参加人数
2015	授業「観光地計画論」	5	授業「観光地計画論」	5
2016	授業「観光地計画論」	5	授業「観光地計画論」	5
2017	湯原温泉のイベント協力（露天風呂の日、トライアスロン、はんざき祭り）観光客に対するアンケート調査	19	授業「観光地計画論」	5
	授業「観光地計画論」	9		
2018	湯原温泉のイベント協力（露天風呂の日、はんざき祭り）	20	授業「観光地計画論」	12
	授業「観光地計画論」	5		
2019	湯原温泉のイベント協力（露天風呂の日、はんざき祭り）	16	授業「観光地計画論」	8

図 14-3　はんざき祭りにおける山車の引き回し
(2016 年、筆者撮影)

会および湯原町旅館協同組合と連携して実施され、このうち 8 月に開催される
はんざき祭りについては、2015 年より筆者がこの活動を担うこととなり、筆
者が担当する科目「観光地計画論」を活用して野外実習の一環として実施する
こととした（表 14-1）。具体的には、2015 年に 5 名が参加し本祭前日に実施
される前夜祭において出店やステージ上でのイベントに関する補助業務の実
施に加え、本祭における山車の引き回しや片付けの業務にかかわった（図 14
-3）。また、祭典の補助業務だけでなく、湯原温泉街の見学や湯原温泉に関す
る講演を受けるなど、湯原温泉における歴史や地域活性化の取組みを学ぶなど
のプログラムも実施した。翌年の 2016 年にも前年と同様 5 名の学生が参加し、
本祭や前夜祭の補助業務を実施するほか、湯原温泉街の見学や講演の受講、さ
らに本年度からの取組みとして学生による湯原温泉街の旅館経営者に対する聞
き取り調査を実施し、かつ地域住民との座談会を行い、学生による学びの場を
増やすことを重視した。
　一方、蒜山高原における活動の端緒は、2015 年より国土交通省が実施して
いる道の駅における大学との連携活動であった。岡山県内には 2015 年時点で
16 か所の道の駅があり、そのうち、前述の湯原温泉に近く真庭市における一
体的な活動を期待して、蒜山高原に位置する道の駅「風の家」との連携を図る

図14-4 道の駅「風の家」における実習活動
（2016年、筆者撮影）

こととなった。「風の家」における活動は、湯原温泉と同様に筆者の担当する「観光地計画論」を活用し、夏季休業中の集中授業として3泊4日の日程で実施した。初年度である2015年は5名の学生が参加し、実習の内容は、「風の家」における農産物直売所や土産物店の販売補助を中心とし、加えて蒜山高原内の様々な観光施設への見学や調査活動を実施した。さらに、道の駅に対する経営改善の提案を学生がすることを意識し、グリーンピア蒜山の職員とともにワークショップを実施し、施設の集客を増やすためのアイディア出しを実施した。2年目となる2016年も5名の学生が参加し、農産物直売所や土産物店でのレジ業務や農産物の袋詰め作業を実施するほか、道の駅を運営するグリーンピア蒜山が展開するスキー場やハーブ園、レストランを始めとする事業体の見学や、経営の工夫に関する聞き取り調査を実施した（図14-4）。

　なお、2015年には本学と真庭市、および湯原温泉観光協会、湯原町旅館協同組合と包括協定を結び、行政や地域組織との密な連携が可能となった。

（2）ブランディング事業による活動

　本学におけるブランディング事業は、2017年度から2019年度にかけて「寄り添い型研究」という名称で実施され、「従来型の研究に加え、学生や教職員

が積極的に参加協力する実践的協働で実施する」という全体方針の下、筆者を中心とする活動の目的を以下のように設定した。まず、湯原温泉においては「新たな地域資源を活かした観光振興について理論的かつ実践的な研究を進めること」とし、具体的な方法として「湯原地域における地域資源を発掘することから始め、観光客に対するアンケート調査や観光産業の従事者に対する聞き取り調査を通じて、有用かつ現実的な観光振興策を地域住民や観光産業の従事者とともに実践していく」こととした。

また、蒜山高原においては「農産物を活用した特産品開発に関する理論的かつ実践的な研究を進めること」とし、具体的な方法として「蒜山地域における観光資源を発掘することから始め、それをいかに特産品へと活かしていくか観光産業の従事者とともに検討する」こととした。いずれの地域においても、これまでの活動において重視していた観光地の現状把握や調査に加え、観光振興の実践を図ることを重視することとした。また、学生による活動は、前年度までの授業の参加者を中心としながらも、筆者が運営するゼミ生を参加者として展開することとした。以下では、湯原温泉と蒜山高原における地域との連携活動についてその概要を示す。

1）湯原温泉における活動

ブランディング事業の初年度である2017年度は、まず6月の露天風呂の日の補助活動を筆者が担うこととなり、5名の学生が参加した。参加した学生は巫女役となって神事に参加するほか、来場者に対するアンケート調査を実施した。アンケート項目は筆者が作成したものを使用し、学生には質問内容を理解してもらった上で、アンケート用紙の配付に協力してもらった。質問内容は教員が作成したとはいえ、学生にとってはアンケート調査を実施することを体感し、またアンケートを回答してもらうことの難しさを実感する機会となった（図14-5）。続く7月には、湯原温泉で開催されるトライアスロンに4名の学生が参加し、大会参加者の支援や運営の補助活動を実施した。

8月には、はんざき祭りに10名の学生が参加し、本祭当日の山車の引き回しやステージでの補助業務に加え、祭りの準備作業や片づけ作業を実施した。また、露天風呂の日と同様の調査項目でアンケート調査を実施し、2つのイベン

図 14-5　露天風呂の日イベントにおけるアンケート調査
(2017 年、筆者撮影)

トの参加者の傾向を比較することとした。なお、本年度は、はんざき祭り当日
の悪天候により日程が変更となったことで参加する学生の確保が困難を極めた
が、それでも当初の予定に近い人数の参加があり、行事の参加に対する学生の
関心の高さを示す結果となった。これら湯原温泉におけるイベントの補助活動
については、授業とは別の形で学生を募集して実施し、授業としては湯原温泉
における調査活動のみを実施することとした。この湯原温泉における調査活動
には9名の学生が参加し、学生を3つのグループに分けて合計9か所の旅館に
対して客室数や客層などの基本的なデータを収集するとともに、旅館経営に関
する今後の方針について聞き取り調査を実施した。また、参加した学生には湯
原温泉街を見学することにより、湯原温泉の観光資源として活用できそうなも
のを探索してもらった。以上の活動を踏まえ、実習最終日には「湯原温泉の観
光客を増やすためには」というテーマを設定してグループディスカッションを
実施し、地域住民や旅館経営者に対して発表する機会を設けた。
　2年目となる2018年度は、前年度に引き続き、露天風呂の日や、はんざき
祭りにおけるイベントの補助活動は授業とは別に参加者を募り、授業において
はイベントの補助活動とは切り離して調査活動を実施するという形態をとっ
た。これは本学におけるフィールドスタディの取組みが学生に認知され、野

図14-6　はんざき祭りにおける学生活動の展示
（2018年、筆者撮影）

外での活動を目的として入学する学生が増えたことにより、地域連携に関する多様な参加の機会を設けようと考えたためである。本年度は、まずイベントについて、6月の露天風呂の日には7名の学生が参加し、露天風呂の清掃、巫女役としての神事への参加のほか、神事の後に実施されるイベントの補助活動にもかかわった。8月のはんざき祭りについては13名の参加があり、これは筆者が湯原温泉での活動にかかわってから最も多くの参加者となった。本年度はこれまで実施してきたイベントの補助活動に加え、学生による企画として他のフィールドスタディにおける取組みを紹介したり、特産品を販売する場を設けたりと、地域側の依頼に応えるだけでなく大学側が企画を実施することで積極的に地域貢献活動をしようと考えた（図14-6）。

　一方、授業としては5名の学生が参加し、前年度に引き続いて旅館に対する聞き取り調査を実施した。対象は前年度と別の旅館とし、聞き取り項目も学生自身が考えて質問を行った。調査後は各旅館の経営について学生が比較分析し、旅館の経営に関する現状や課題、今後の対策について地域住民や旅館経営者に対して発表した。本年度は、学生による主体的な調査活動が実施できたことから、昨年度と比較してより実質的な対策を提案することができ、地域の側からも高い評価を得ることができた。

図14-7　はんざき祭りにおける物品販売
（2019年、本学教員撮影）

　最終年度となる2019年度は、イベントにおける学生の企画を充実させることを目的としていたが、6月の露天風呂の日では神事とイベントを別の日に実施することとなり、4名の学生が神事のみに参加した。続く8月のはんざき祭りでは昨年に引き続きイベントの補助活動に加えて、学生による販売活動を実施することとなり、12名の学生が参加して、他地域で実施したフィールドスタディの成果物である特産品を販売するほか、湯原温泉内の精肉店の協力を得て学生が考案した商品を作成・販売した（図14-7）。この企画は地域住民に好評であり、大学が積極的に地域にかかわることの重要性を実感することができた。なお、授業による湯原温泉での調査活動は、教員側の負担が大きいことから、本年度は蒜山高原における活動のみに限定することとした。

2）　蒜山高原における活動

　ブランディング事業の初年度である2017年度は、前年度までの活動に続いて筆者が担当する科目において実習をすることとしたが、これまでの販売補助活動ではなく、観光施設に対する調査活動とそれに基づく地域への改善策提案を主な目的に設定した。本年度、この活動に参加した学生は5名で、昨年度に引き続きグリーンピア蒜山の運営する観光施設に対する観察調査を通じて観光地の現状を把握するとともに、蒜山高原の菓子製造会社に対する観察調査及び

図 14-8　蒜山高原における菓子製造店の見学
（2017 年、筆者撮影）

聞き取り調査を実施した（図 14-8）。

　最終的には、これらの調査活動を踏まえ、「蒜山高原における新しい土産物を考える」というテーマを設定して菓子製造会社の経営者と学生によるグループワークを実施した。その成果として、チョコレートを製造する会社から、ひまわりの種を加えた試作品の提案があり、本学の大学祭において来場者に配付するとともに、試作品の改善を目的としたアンケート調査を実施した。実際の店舗での販売は実現しなかったが、学生による調査活動が実際の製品となったのは今回が初めてであり、「農産物を活用した特産品開発に関する実践」という当初の目的をわずかながら達成することができた。また、調査・研究活動として蒜山高原における B 級グルメである「ひるぜん焼きそば」について、食をめぐる地域性の視点から分析し、その成果を『フードビジネスと地域』に分担執筆した（大石、2018）。さらに、「風の家」にある農産物直売所に商品を出品する世帯に聞き取り調査を実施し、それを世帯間のネットワークの観点から分析した論考を地理学の学術雑誌である『地学雑誌』にて公開した（大石、2019）。

　続く 2018 年度は、蒜山高原における活動についてはマーケティングを専門とする教員の協力を得て、授業における実践活動として風の家で販売している

図 14-9　蒜山高原における観光客への聞き取り調査
（2018 年、筆者撮影）

土産物の商品開発を実施することとした。蒜山高原では、休耕地を活用してソバを栽培し、グリーンピア蒜山が運営する飲食店にて提供しているほか土産物としても販売している。このソバを利用した土産物には生麺と乾燥麺の２種類があり、風の家では生麺の売上に対して乾燥麺の売上が低迷しているという問題を抱えていたため、実践活動としてこの乾燥麺の販売を促進するための方策を提案することとなった。参加した学生は 12 名で、学生はまずグリーンピア蒜山の運営者から商品の説明や商品が抱える問題点について提示を受け、その後、複数のグループに分かれて蒜山高原における観光施設を対象とした調査を実施し、土産物がいかにして展示・販売されているかを観察するとともに、観光施設を訪れた観光客に対して対象となる乾燥麺に関する聞き取り調査を実施した（図 14-9）。そして最終的にはこれらの調査結果を踏まえ、乾燥麺の販売を促進するためのアイディア出しと提案を行った。当初の計画では、学生による提案をもとに実際の商品改良へと展開する予定であったが、実習期間外に先方と学生との打ち合わせの時間を確保することが困難であったことから実現には至らなかった。また、蒜山高原における調査・研究活動としてジャージー牛乳の流通や製品化について、蒜山酪農協協同組合に対する聞き取り調査を実施した。本調査については酪農家や流通先の企業等を含めた調査を通じて論文と

図14-10　蒜山高原を対象としたパンフレット作成作業
（2019年、筆者撮影）

してまとめる予定である。

　そして、最終年である3年目は前年度において学生の提案が実際の商品に反映されなかったことを反省点として、蒜山高原において学生目線でのパンフレットを作成することを念頭に置き、観光施設の経営者に対する調査活動を実施することとした。参加した学生は8名で、蒜山高原における観光施設としてグリーンピア蒜山が運営する3施設に加え、学生が選定した5施設に対して聞き取り調査を実施するとともに、蒜山高原内を自転車で散策しながら観察調査をすることにより、地域内の観光資源を探る活動を実施した。これらの調査を踏まえ、最終的には学生による蒜山高原のパンフレットを作成した（図14-10）。

4.　むすびにかえて―地理学からみた経営系大学における地域連携の意義―

　これまで、筆者は5年間にわたり湯原温泉および蒜山高原を中心とする地域において、地域住民や観光産業の実務者と連携して様々な取組みを実施してきた。当初は筆者や学生の調査活動を通じて各地域における観光地としての現状や取組みを把握することに重点を置いてきたが、2017年度よりブランディング事業に取組むに当たって、現状分析に加えて地域に貢献するための成果物を

創作することを重視してきた。

　ところが、学生側が提案を進言する段階までは到達できるものの、それを実際の商品に反映させるところまでに到達することができなかった。この要因には、筆者自身の力不足に加え、授業外に学生の時間を確保することが難しく、担当者との調整が十分に実施できなかったことが挙げられる。また、製品化に関する具体的な手順や方法について事前の準備が不十分であったことも大きな要因である。さらに、学生による提案も、地域住民や観光事業の実務者にとっては現実的に実行できるものは少なく、教員側がある程度の現実的な方向性を示さなければ、学生のみで現実的なアイディアを導出することは困難であると考えられる。

　そもそも、地域の現状分析を専門とする地理学において、マーケティングや地域政策などの分野のように、地域における将来の展望を提示すること、ましてや特産品を開発したり新たな企画を提案したりすることは専門外の事項であり、今回のブランディング事業における目的として提示した「有用かつ現実的な観光振興策の実践」あるいは「観光資源をいかに特産品へと活かしていくか」という内容を筆者個人で実施することには無理があったと言わざるを得ない。本学にはマーケティングや商品開発を専門とする教員が多数在籍しており、これらの教員との連携を図りつつ、筆者は地理学的な見地から現状を把握・分析し、それを踏まえて他の教員が実践活動を実施するなど役割分担が必要であったと考えている。

　地理学が地域において果たす役割は、歴史や経済、文化など多角的な視点から特定の地域を調査・観察し、地域の特性やその特性が生じた理由や背景について分析することにある。事実、これまでの筆者の活動を通じて学生に対して様々な観点から地域の現状を観察し、分析する方法論を教授し、あるいは地域調査を学生と共に実践することで、地域に対する学生の理解や気づきに寄与することができた。例えば、経営学部に所属する学生は、地域資源を活かすというとき、それを経済的な価値観、すなわち地域資源を生かした商品を作ったときに、それが売れるかどうかという視点から捉えることが中心であった。

　ところが、地域資源を活かす効果は、地域住民や観光産業の実務者が地域に

おいて新たな価値を発見することで、地域に対する愛着を増大させることも重要な効果であり、学生自身も調査活動を通じて地域に対する関心や愛着が芽生え、実習外でもその地域を訪れる学生も増えている。さらに、そうした地域への愛着という観点を活用することで経済的な効果を生み出すストーリー作りにもつながることを実感した学生も多い。

また、観光による地域づくりにおいても、はじめから経済的な効果を求めるのではなく、まずは地域に居住する住民や産業の従事者らが地域資源を発見し、自地域の強みを知ることから始めることが重要である（大下、2013）。このように、経営系の学部においても地理学を専門とする研究者が果たす役割は決して小さくない。

様々な地域がそれぞれの特徴を活かし、いかに経済的な効果をもたらすか試行錯誤している現状において、地域の魅力を創出し、かつ他地域との差別化を図っていくことは非常に難しい課題である。こうした状況下で、地理学的な見地から地域の特徴を描き出し、地域の武器を提示することは地理学における地域貢献活動であり、それを他の分野へと橋渡しすることこそが、経営系の大学において地理学者がすべき役割であるといえる。今後は、これまでのブランディング事業を踏まえ、筆者の役割を自覚しつつ地域との連携活動を継続していきたいと考える。

謝　辞

本事業を実施するにあたり、湯原温泉観光協会および湯原町旅館協同組合の池田博昭氏をはじめとする湯原温泉の関係者の皆さま、ならびにグリーンピア蒜山の亀山秀雄氏をはじめとする蒜山高原の関係者の皆さまには、調査研究活動や実習活動において大変お世話になりました。この場を借りて感謝申し上げます。なお、本研究は、文部科学省平成29年度私立大学研究ブランディング「寄り添い型研究による地域価値の向上」の助成を受け実施した。

文　献

大石貴之（2018）「B級グルメにみる食と観光の地域性」井尻昭夫・江藤茂博・大崎紘一・松本健太郎編『フードビジネスと地域 食をめぐる文化・地域・情報・流通』ナカニシヤ出版

大石貴之（2019）「岡山県の中山間地域における農業の存続可能性 ― 真庭市川上地区における農産物直売所を事例として ―」『地学雑誌』128、323-335

大下茂（2013）「観光まちづくり」岡本伸之編著『観光経営学』朝倉書店

山田良治（2016）「観光学と観光教育」大橋昭一・山田良治・神田幸治編著『ここからはじめる観光学 楽しさから知的好奇心へ』ナカニシヤ出版

注

1)　http://www.okayama-u.ac.jp/user/geog/01geo.html（最終閲覧日：2021年2月1日）
2)　https://gakutabi.jp/（最終閲覧日：2021年2月1日）

（大石　貴之）

執筆者紹介
（執筆順、＊は編者）

井尻昭夫＊　（いじり　あきお）

　岡山商科大学学長：第1章

大﨑紘一＊　（おおさき　ひろかず）

　岡山商科大学副学長、経営学部教授：第1章、第10章

三好宏＊　（みよし　ひろし）

　岡山商科大学経営学部教授：第1章、第2章

三浦尚子　（みうら　なおこ）

　岡山商科大学総務企画課課長補佐：第1章

伊藤治彦　（いとう　はるひこ）

　岡山商科大学法学部教授：第3章

天野雅敏　（あまの　まさとし）

　岡山商科大学経営学部教授：第4章

渡邉憲二　（わたなべ　けんじ）

　岡山商科大学経営学部教授：第5章

海宝賢一郎　（かいほう　けんいちろう）

　岡山商科大学経営学部教授：第6章

髙林宏一　（たかばやし　こういち）

　岡山商科大学経営学部教授：第6章

田中潔　（たなか　きよし）

　岡山商科大学経営学部教授：第6章

松浦芙佐子　（まつうら　ふさこ）

　岡山商科大学経営学部教授：第7章

黎暁妮　（れい　ぎょうにい）

　岡山商科大学経営学部准教授：第7章

徐沉廷　（そ　ゆんぞん）

　　岡山商科大学経営学部講師：第7章

全円子　（ぜん　かずこ）

　　岡山商科大学経営学部准教授：第7章

湯文　（たん　うぇん）

　　岡山商科大学経営学部助教：第7章

國光類　（くにみつ　るい）

　　岡山商科大学経済学部准教授：第8章

西敏明　（にし　としあき）

　　岡山商科大学経営学部長、経営学部教授：第9章

中川尚子　（なかがわ　しょうこ）

　　岡山商科大学産学官連携センター主任：第10章

箕輪弘嗣　（みのわ　ひろつぐ）

　　岡山商科大学経営学部准教授：第10章

中村裕　（なかむら　ゆたか）

　　岡山商科大学総務企画課課長補佐：第10章

加藤真也　（かとう　しんや）

　　山口大学経済学部准教授：第11章

田中勝次　（たなか　かつじ）

　　岡山商科大学経済学部教授：第11章

松井温文　（まつい　あつふみ）

　　岡山商科大学経営学部教授：第12章、第13章

鳴滝善計　（なるたき　よしかず）

　　岡山商科大学経営学部教授：第13章

蒲和重　（かば　かずしげ）

　　岡山商科大学経営学部教授：第13章

井尻裕之　（いじり　ひろゆき）

　　岡山商科大学経済学部准教授：第13章

佐々木昭洋　（ささき　あきひろ）

　　岡山商科大学経済学部講師：第 13 章

渡辺寛之　（わたなべ　ひろゆき）

　　岡山商科大学経済学部助教：第 13 章

大石貴之　（おおいし　たかゆき）

　　岡山商科大学経営学部准教授：第 14 章

■編著者略歴

井尻　昭夫　（いじり　あきお）

　岡山商科大学　学長
　1974年神戸大学大学院経営学研究科満期退学、1991年経営学博士（神戸大学）。
　神戸学院大学を経て、1988年岡山商科大学教授、1995年より学長を務める。
　主な著書に、『経営行動論』昭和堂、『モチベーション研究』日本評論社、『中国
　人留学生のための経営学読本 ― 歴史的連続の中の企業行動』ふくろう出版など
　がある。

大﨑　紘一　（おおさき　ひろかず）

　岡山商科大学　副学長
　1966年　岡山大学大学院理学研究科修了、工学博士。
　岡山大学を経て、2006年岡山商科大学教授、2007年より副学長を務める。
　主な著書に、『生産システム技法』（共著）共立出版、『画像認識システム学』（共
　著）共立出版、『発明家　磯崎眠亀　錦莞莚を彩る文様デザイン』吉備人出版な
　どがある。

三好　宏　（みよし　ひろし）

　岡山商科大学　経営学部教授
　2000年　神戸大学大学院経営学研究科修了、博士（商学）。
　福山平成大学を経て、2012年岡山商科大学教授、2016年より経営学部商学科長
　を務める。
　主な著書に、『1からのマーケティング（第4版）』（第2章「マーケティング論
　のなりたち」分担執筆）碩学舎などがある。

「寄り添い型研究」による地域価値の向上

2021年3月31日　初版第1刷発行

■編著者───井尻昭夫・大﨑紘一・三好　宏
■発行者───佐藤　守
■発行所───株式会社 大学教育出版
　　　　　　　〒700-0953　岡山市南区西市855-4
　　　　　　　電話（086）244-1268　FAX（086）246-0294
■印刷製本───モリモト印刷㈱

ISBN978-4-86692-135-8